KB210468

도서출판 대장간은
쇠를 달구어 연장을 만들듯이
생각을 다듬어 기독교 가치관을
바르게 세우는 곳입니다.

대장간이란 이름에는
사라져가는 복음의 능력을 되살리고,
낡은 것을 새롭게 풀무질하며, 잘못된 것을
바로 세우겠다는 의지가 담겨져 있습니다.

www.daejanggan.org

La sfida della decrescita
Il sistema economico sotto inchiesta

per
Riccardo Petrella, Serge Latouche, Enrique Dussel
L'altrapagina, 2008.

Translation in Korean by Sungheon Ahn

탈 / 성 / 장
경제 체제 연구

리카르도 페트렐라 / 세르주 라투슈 / 엔리케 두셀

안성헌 옮김

Copyright © 2008 by Riccardo Petrella, Serge Latouche, Enrique Dussel

Published in Italiano under the title;
   La sfida della decrescita-*Il sistema economico sotto inchiesta*
      by Riccardo Petrella, Serge Latouche, Enrique Dussel
Published by L'altrapagina, Via della Costituzione 2 06012 Città di Castello(PG). Italia
All rights reserved.

Used and translated by the permissions of L'altrapagina,.
Korea Editions Copyright © 2021, Daejanggan Publisher. Nonsan, South Korea

탈성장

지은이	리카르도 페트렐라, 세르주 라투슈, 엔리케 두셀
옮긴이	안성헌
초판발행	2021년 6월 2일
펴낸이	배용하
책임편집	배용하
교열교정	박민서
등록	제364-2008-000013호
펴낸곳	도서출판 대장간
	www.daejanggan.org
등록한곳	충남 논산시 매죽헌로1176번길 8-54
편집부	전화 041-742-1424 전송 0303-0959-1424
분류	사회과학 | 경제 | 탈성장
ISBN	978-89-7071-558-2 (03300)

이 책의 한국어 저작권은 L'altrapagina를 통해
저자들과 독점 계약한 대장간에 있습니다.
기록된 형태의 허락 없이는 무단 전재와 복제를 금합니다.

값 10,000원

달팽이는 탈성장의 상징이다.

달팽이는 넓은 나선에 껍질을 차곡차곡 쌓는다.

섬세하게 껍질을 만들던 달팽이는 작업을 멈추고, 몇 가지 추가 작업을
통해 돌연 껍질을 축소하기 시작한다. 왜 갑자기 축소하는가?

일리치는 달팽이가 위협을 감지하기 때문이라고 답한다.

나선 하나가 껍질의 크기를 16배까지 크게 만들 수 있지만,
이렇게 비대해진 껍질 때문에 달팽이는 안전에 위협을 받는다.

거대한 성장이 오히려 생존 자체를 위협할 수 있다.

자기 목적에 맞게 한계선을 정하지만, 이를 초과하면 중량 과다로
압사할 수 있다. 과잉 성장은 일정 한계선을 넘으면 기하급수적으로
증가하는 반면, 달팽이의 생물학적 능력은 산술급수적으로
증가하기 때문에, 달팽이는 이러한 성장을 결코 제어할 수 없다.

따라서 달팽이는 일정 순간이 되면 껍질을 축소해
자신의 생존권을 스스로 조정하는 지혜를 발휘한다.

– 옮긴이 글 중에서

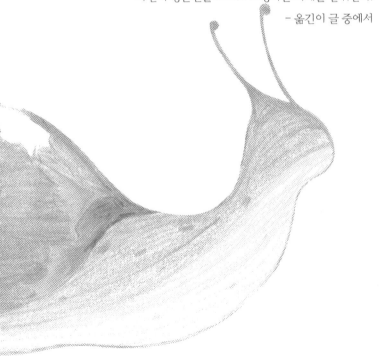

차 례

서론 13

1장. 발전 신화 리카르도 페트렐라

성장의 삼중 유형 20

가난은 자연스러운 현상이 아니다 29

후진하지 않는 자동차 38

탈성장의 삼중 유형 41

네가 존재하므로 내가 존재한다 47

"우리가 일구는" 세계의 "재시민화" 56

2장. 자멸하는 성장 세르주 라투슈

탈성장 유토피아 63

근대성과 자율성 연구 68

기술 연구의 '모라토리엄' 선언 71

한계의 문제 74

지역의 구체적인 유토피아로서의 탈성장 81

경제의 재지역화 86

상상계의 탈식민화 91

3장. 새 문명의 여명   엔리케 두셀

새로운 역사관   102

신석기 혁명   104

자본주의와 식민주의의 시작   109

근대성의 단계들   112

자본과 생명의 모순   118

생사의 기로: 선택 문제   120

생명의 윤리   125

생명 윤리의 요청   129

희생자의 편에서 생각하는 미래   132

통근대주의   134

후주   141

옮긴이 글   152

서론

　현실을 옹호할 수 있는 권리이든, 냉정한 시선으로 바라볼 수 있는 권리이든, 여하튼 이러한 권리조차 누릴 겨를이 없는 사람들에게 돈 몇 푼 더 벌 수 있다는 감언이설로, 불필요하거나 쓸모없는 물건들을 더 많이, 더 빨리 생산하라고 요구할 수 없다.

　우리 행성이 반란을 일으켰다. 지구도 인간만큼 스트레스에 시달린다. 원자재는 고갈되고, 에너지는 부족하다. 기후는 미친 듯이 급변한다. 권력의 돈 냄새를 좇아 영혼까지 팔아버린 일부 학자들은 은하계처럼 넓은 틀에서 지구 온난화를 운운하며, 양심에 따라 말하지 않고, 위기에 대해 아무런 책임도 지려 하지 않는다. 현상 유지status quo를 지원할 수 있는 방법들은 무한하지만, 현실에 들러붙은 이 악귀들을 쫓아낼 수 있는 대책들은 턱없이 부족하다.

우리의 생활 체계를 일반화해 세계 온 인구에게 적용하려면, 지구와 같은 행성이 세 개나 더 있어야 한다. 물론 지구는 하나뿐이므로 불가능한 일이다. 각 사람이 이용할 수 있는 생물 생산 공간은 15,000m²이다. 반면, 현재 서구 세계는 1인당 22,000m²를 사용한다. 다른 사람들의 가용 공간이 그만큼 줄었다는 뜻이다. 지구의 25억 인구가 하루 2천원 미만으로 사는 현실2012년 기준은 결코 우연이 아니다. 이러한 일이 지속된다면, 결국 젊은 시대의 미래를 훔치는 일과 다름없다. 왜냐하면 수십 년 안에 우리는 이들에게 망가질 대로 망가진 세계를 넘겨줄 것이 자명하기 때문이다. 우리는 자극적이고 순간적인 매력에서 벗어나야 한다. 그리고 더 이상 성장이 해법이 아니며, 성장 자체를 문제 삼아야 한다는 주장을 인정해야 한다.

그 결과, 고삐 풀려 날뛰는 현 경제 체제의 난장을 보다 못한 이들이 탈성장 기획을 전개하기 시작했다. 탈성장은 새로운 경제 이론이 아니다. 오히려 그것은 발전에 대한 맹신을 포기하고, 경제 사회와 연대 사회를 [재]구성하려는 시도이다.

이 지점에서 우리는 문화와 실천 양쪽에 공공연하게 연결된 한 가지 문제와 마주해야 한다. 이제 우리는 근대성 이데올로기의 주춧돌 중 하나인 '진보' 이념과 얽힌 '발전/개발'의 상상계' immaginario dello sviluppo를 포기해야 한다. 현대인이 얼마나 이 상상의 세계에 뿌리박고 사는지 확인하려면, 우리가 사용하는 언어를 간단히 짚어 보면 된다. 지속 가능한 발전, 환경 친화적 발전, 발전 모델, 주민 발전 등이 해당 사례이다. 이 사례들을 재료 삼아 요리를 한다고 가정하자. 무슨 요리를 하든지 발전이라는 재료가 빠지지 않는다. 그야말로 발전은 근대성 신화의 중추이다. 몇 걸음 양보해, 최대한 긍정적으로 보더라도, 우리에게는 현실에 대한 전혀 다른 시각이 필요하다. 그것은 문화, 행복, 복지에 대해서도 마찬가지이다.

실천 차원에서의 탈성장은 구조 변혁, 경제 재再지역화, 남반구 세계와의 관계 재검토를 요구한다. 지금 북반구 세계는 교착 상태에 빠졌다. 우리는 남반구 세계를 이 막다른 골목으로 몰아가지 않도록, 이들과의 관계를 재검토해야 한다. 이를 지향하는 정치적 목표들이 중요할 것이고, 그것을 의심하는 사람은 없을 것이다. 정치가 중요한 이유는 다음과 같다. 만일 우리가 정치적 도구들을 채택하지 않는다면, 인간의 모든 활동을 결정하는 시장을 지존의 권좌에서 끌어내릴 수 없고, "금융 무장해제" 작업도 수행할 수 없기 때문이다.

탈성장의 추구는 이러한 현 상황과 맞물려 선명하게 드러난다. 지금 우리는 '탈성장 추구'라는 대전환의 노선을 위임받았다. 그것은 우리의 생활양식을 뿌리부터 재고, 재검토하는 작업이다.

본 연구서에 공헌한 학자들의 주제는 오늘날 우리에게 꼭 필요한 '전환'의 핵심 내용을 다룬다. 리카르도 페트렐라는 기술, 금융, 시장에 근간한 성장 체제의 폭력을 그리며, 시장 지배에서의 해방을 외치는 탈성장의 삼중 유형을 그 대항마로 제시한다. 페트렐라가 그리는 탈성장의 삼중 유형은 경쟁의 소멸탈시장화, 금융의 무장 해제, 공생의 인간화이다. 세르주 라투슈는 여덟 가지의 대문자 R로 순환 고리를 그린다.

재평가, 재개념화, 재구조화, 재분배, 재지역화, 축소, 재활용, 재생이 그것이다. 이 여덟 가지 요소는 성장의 신기루에서 빠져 나오기 위한 구체적인 방법이다. 마지막으로, 엔리케 두셀은 인류 문명의 분배 측면을 분석한 후, 통근대주의 transmoderno로 시선을 돌린다. 그가 말하는 통근대주의는 더 이상 세계화를 내세운 동질 세계가 아닌, 다양한 문화에서 다양한 소리가 울려 퍼지는 다원 세계이다.

우리는 저자들의 글이 시장 우상 숭배에서의 해방을 갈망하는 사람들과 탈성장을 실행에 옮길 수 있을 정치와 문화 구축에 목마른 사람들에게 풍성한 보화를 품은 광산이 되리라 확신한다.

알트라파지나

1장. 발전 신화 1)

리카르도 페트렐라

본 주제를 성찰하면서, 나는 독자들에게 세계를 해석하는 한 가지 도식을 제안하려 한다. 탈성장은 고집스럽게 성장에 목매는 방식에 강한 제동을 건다. 그렇다고 탈성장이 모든 사람에게 동일한 의미를 갖는 것은 아니다. 세네갈의 주민이나 브라질 상파울루의 판자촌 빈민에게 탈성장은 우리가 부여하는 가치와 전혀 다른 가치일 것이다. 우리는 전 세계에 하루 2천원 미만으로 연명하는 사람이 무려 25억 명에 달한다는 사실을 결코 잊지 말아야 한다. 이러한 형태의 발전이 바뀌지 않는다면, 가난한 사람들은 항상 가난이라는 현실을 탈피할 수 없을 것이다. 왜냐하면 이들이 사는 지역의 경제 모델은 모두를 부유하게 만드는 모델이 아닌, 구조적 가난을 낳는 모델이기 때문이다. 따라서 탈성장은 하루 2천원 미만으로 사는 25억 인구와 직결된 도전이라고 말할 수 있다. 지구의 25억 인구는 제대로 된 화장실도 갖추지 못한 상태에서 산다. 이와 관련해, 우리는 절수용 "건식" 화장실 개발에 관심을 기울인다. 나는 이러한 현실 상황을 염두에 두고 탈성장 문제를 분석하겠다.

성장의 삼중 유형

오늘날 성장은 다음 세 가지 유형에 따라 그 선명한 모습을 드러낸다. 첫 번째 이념은 기술이다. 오늘날 발전 모델에서 신기술이 없다면, 인간의 창조성은 존재할 수 없을 것이다. 신기술은 재화와 용역의 생산력을 증가시키며, 개인과 집단의 욕구에 부응하는 선택지를 확장한다. 우리가 동일한 문제를 다양한 방식으로 다양한 형태의 자동차, 항공기, 열차 등이 있음에도 풀 수 있다면, 과거보다 더 자유로워질 수 있을 것이다.

우리는 금융경제 전문 일간지 「태양 24시」 *Il sole 24 ore*의 최근 기사에서 위에 기록된 내용에 담긴 의의를 가감 없이 드러낸 생각을 읽을 수 있다. 기사는 "덜 성장한 자들에게 강요되는 선택"을 다뤘다. 다시 말해, 시장 논리를 따르면서 더 많은 재정을 보유한 사람들에게 선택의 강요는 필요 없다. 왜냐하면 이들은 그 누구보다 자유를 누리며 사는 사람들이기 때문이다. 우리가 주목해야 할 부분이다. 지배 문화는 다음과 같이 주장한다. '당신이 더 성장한 사람이라면, 다시 말해 더 부자라면, 당신은 더 자유롭다. 굳이 선택의 강요에 얽매일 필요가 없다. 당신은 열차 맨 앞에서 달리는 기관차이며, 나머지는 별 볼 일 없는 마차에 불과하다.' 그렇다면, 완전한 성장에 다다르지 못한 세계의 25억 인구는 무엇을 할 수 있는가? 지배 문화의 논리에 따르면, 아무것도 하지 말고 입 닥치고 살아야 한다. 이들은 존재자가 아니다. 성장에 아무런 기여를 못하기 때문이다. 같은 기사에서 나는 이 방식을 합리화하는 또 다른 표현을 발견했다. "… 금융 시대의 새로운 위기대출금과 관련된, 세계화와 혁신 시대의 위기를 맞이해, 우리는 이탈리아 중심의 정세 읽기 방식을 고수할 수 없다. 만약 그렇게 한다면…"과 같은 표현이다. 사실, 모두가 다 이렇게 이야기한다.

우리의 일상사가 세계화와 맞물린 이유와 새 시대가 혁신의 토양이 된 이유를 설명하는 '신 금융 시대'가 도래했다. 혁신에서 동떨어진 사람은 그만큼 덜 성장하고, 덜 자유롭다. 나는 독자들에게 이 기사를 읽어볼 것을 권한다. 정확하고 꼼꼼하게 읽으면, 세계에 대한 현 지배 체제의 생각을 알 수 있을 것이다.

기술은 혁신 개념과 연결되기 때문에 중요하다. 우리 사회의 곳곳에서 기술 관련 용어로만 이야기할 뿐, 문화나 인문학 언어들의 사용이 드물어졌을 정도로, 기술은 중요해졌다. 이탈리아의 정계와 금융계 주요 인사들예컨대, 로마노 프로디와 루카 디 몬테체몰로은 오로지 기술, 혁신 관련 용어들로만 이야기한다. 요컨대, 혁신 개념과 함께 우리는 더 기술화되지만 덜 인간화된다. 따라서 컴퓨터, 자동차, 에너지 체계에서 빈번하게 나타나는 것처럼, 기성품이 대체품보다 기능상 더 훌륭할 수도 있음에도, 우리는 대체 논리에 빠진다. 대체는 구식화, 즉 도태를 의미한다. 대체는 죽음사장화 자체와 마찬가지로, 기술 혁신 문화의 일부를 이룬다. 새 물건으로 대체하기 위해, 기존의 물건들을 사장시켜야 하고 쓸모없는 것으로 만들어야 한다. 사람들은 "파괴 없이 전진할 수 없다!"라고 계속 떠든다. 서구 문화권에서 "파괴적 창조" 이론의 대가는 오스트리아의 경제학자 조지프 슘페터였다. 그는 이탈리아로 이주했고, 향후 서구 사회에서 혁신 이론의 대부가 되었다. '대체' 개념의 귀결이라 할 수 있을 '구식화' 개념은 현실 기술 문화의 치명적인 특성을 보인다.2) 모든 것은 반드시 대체되어야 한다. 이들은 예측과 관련해 약간의심하지 않은 과장 수사를 사용한다. 또한 불멸을 지향하는 세포들을 통해 숲, 물, 인간 두뇌를 대체하려 한다. 따라서 숲을 파괴할 수도 있고, 물을 독성으로 바꿀 수도 있다. 그리고 우리는 이 모든 것을 통틀어 진보라 부른다!

　그러나 기술들은 언제나 더 복잡하고, 더 구속한다. 기술의 중요성이 상승함에 따라, 기술 관련 재정이 기업의 핵심을 차지한다. 왜냐하면 혁신과 개발에 소요되는 비용을 조달해야 하기 때문이다. 연구비를 지원하고 일거리를 제공한 대가로, 산업체와 기업들은 특허권을 요청한다. 제약 회사들의 경우가 이에 딱 맞는 사례일 것이다. 생명과 관련된 의약품들을 생산하는 제약 회사들은 해당 연구에 비용을 지원하고 연구 인력을 고용한다. 그 결과 이들은 자회사의 권리를 주장한다. 그러나 이것은 잘못이다. 연구는 자금을 필요로 한다. 모든 것을 발견하고, 모든 것에 응하려면, 돈이 필요하다. 공항, 타브Tav 3), 고속도로에도 비용이 필요하다. 어떤 활동이라도 지원할 수 있는 금융 재정은 성장의 삼중 형식 가운데 요충지를 차지한다. 하루 2천원 미만으로 살아가는 25억 인구의 부의 합이 세계 최상위 부자 세 명의 부를 넘지 못한다. 그렇다면, 이 세 부자가 지구 인구의 절반이 넘는 사람들의 권력보다 더 큰 권력을 갖는 셈이다. 최상위 부자 세 명이 25억 명보다 더 많은 것을 할 수 있다. 즉, 현 문명에서 강자는 돈 가진 자이다. 제도권 내부 기관들만 실권자가 아니다. 금융 일선의 은행들도 실권자이다.

재정 분야와 관련해 수없이 토론이 벌어지는 이유는 무엇인가? 사회의 다양한 문제 및 욕구와 맞물려, 공공 재정이 한계를 드러냈고, 나아가 한계치 이하로 추락하면서 가난이 심화되었기 때문이다. 결국 개인의 자금 대출에 의존해야 할 상황이 되었다. 이러한 상황은 공공 기관들의 혜택 우선권을 일정 기간 개인 사업자들에게 부여하는 금융 기법인 "프로젝트 파이낸싱project financing"으로 이어졌다. 그러나 이 역시 머지않아 지불해야 할 비용이다. 많은 사람들이 소득세 부과, 소비재가 인상, 소득 인출을 바라지 않는다. 따라서 과세 정책을 피하면서, 동시에 대중들의 욕구에 부응해야 하는 난감한 상황에 처한 행정 기관들은 민간 재정에 의존할 수밖에 없다. 이탈리아 지방 재정의 51%가 벌금에서 나온다. 이상해도 너무 이상한 구조이다! 공동체라 불리는 한 사회의 주 재원처가 정녕코 주차 딱지 밖에 없는가? 확실히 정상적으로 작동하는 구조가 아니다. 재정은 곧 부를 의미한다. 부를 얻으려면, 무언가를 소유해야 한다. 따라서 공동체의 부를 낳는 모든 원천들의 사유화 현상이 두드러진다.

현재 우리가 논하는 삼중 유형의 두 번째 요소의 주장은 다음과 같다. '부의 주 원천은 재정이다.' 즉, 부자가 되어야만 행복을 누릴 수 있다. 그러나 그 단계에 이르려면, 기술력을 확보해야 한다. 시장에 출시된 신제품은 하나같이 더 행복한 삶을 약속하고, 이러한 삶이 사회를 생성한다. 그 사회 안에서 금융 재정은 기술 발전을 가능케 할 원동력이 되고, 생활의 핵심 요소가 된다. 또 시장은 진보와 행복을 촉진하는 투자 재정을 담당하는 든든한 후원 기구이다. 물론, 시장은 지불 능력이 없는 가난한 사람들이 누릴 수 있는 것을 만들지 않는다. 시장에서 가난한 사람들은 존재자가 아니다. 하루 2천원 미만으로 사는 세계 25억 인구는 시장의 고객 관리 명단에서 삭제된 사람들이다. 구매력이 없기 때문이다. 이러한 틀에서, 기술은 진보와, 금융은 행복과, 시장은 자유와 동의어가 되었다. 다시 말해, 시장에 있으면 있을수록, 더 자유로워진다. 이처럼 기술, 금융, 시장의 삼중 유형은 진보, 행복, 자유의 삼중 유형으로 표현된다.

그러나 이 모든 것에 반대하는 일은 간단치 않다. 우리는 정직하게 다음 내용을 인정할 필요가 있다. 많은 사람들이 기술은 진보, 금융부는 행복, 시장은 자유라고 믿고, 확신한다. 반대 관점에서 이들을 설득하는 작업은 쉽지 않다. 자기 소유욕을 충족하기 위해 기술 제품들로 꽉 찬 대형 마트에 몰려든 사람들은 구매할 의무감에 매이지 않는다. 그러나 이러한 제품들에 등을 돌리고 과연 행복하게 살 수 있을지 되물어 보아야 한다. 오늘날 우리는 컴퓨터 없이 살 수 없다고 말한다. 사실, 우리는 수동적이면서 동시에 능동적인 예속 과정에 지배를 받는다. 사람들은 이러한 체계를 어떻게 바꿀 수 있는지 끊임없이 묻는다. 이들은 '당신은 할 수 없다.you can not' 고 대답한다. 그러한 생각 자체가 터무니없다. 오늘날 세계에는 14억 대2020년 이상의 자동차들이 있고, 자전거조차 소유하지 못하는 25억의 사람들이 있다. 우리는 체제의 사슬에 단단히 묶여 있다. 더욱이, 이탈리아 좌파 대다수도 기술의 부정 효과와 기술이 기후에 미치는 영향에 대해 느슨한 태도를 보인다. 나는 이들의 반응을 조소할 생각은 없다. 다만, 탈성장의 문제가 거대한 도전이라는 점을 논증하기 위해 이를 일례로 거론할 뿐이다.

그러나 이러한 전반적인 주장과 관련해, 최근 들어 일상의 경험에서 출발해 현 상황에 맞대응하려는 운동들이 등장했다. 나폴리의 쓰레기 문제가 그 사례이다. 반면, 나폴리가 속한 캄파니아 지역과 같은 문제를 인식하지도, 겪지도 않는 미국의 연간 생활폐기물은 1인당 972 kg이다. 미국인들은 이를 여전히 '정상적인 미국식 생활방식' 이라 여긴다. 반면, 유럽의 배출 폐기물은 1인당 평균 320~330 kg이다.

이러한 운동들은 모든 것을 상업화하려는 시도를 거부하는 사람들, 고속 열차의 무분별한 제조에 반대의 목소리를 높였던 사람들, 지역의 군사거점화에 반대하는 사람들의 주도로 시작되었다. 베네치아 근교에 건설된 대규모 석유화학 복합단지 가운데 하나인 마르게라Marghera에서 발생한 일을 생각해보라! 그러나 체제 권력층은 반대자들의 모든 소리를 불법으로 단죄하려 했다. 석유화학 단지 건설 반대자들은 진보에 역행하는 자들이며, 자기 집 정원만 보고, 자기들만의 소규모 상권만 유지하려는 지역 이기주의자라는 식의 입막음을 시도했다. 게다가 권력의 이러한 저지 전략에 찬동하는 이들도 있었다. 삶, 참여, 민주주의를 신뢰하는 수천의 시민들, 운동에 참여하려 하고 진실을 알려 하는 시민들을 향해 일부 언론들은 반대를 위한 반대만 외치는 불량배라는 식의 선동을 폈다. 거짓말과 대중 기만으로 점철된 선전이자 다분히 대중주의에 기댄 선전이었다. 권력자들은 이 언론들을 등에 업고 언제나 진실을 부정하고 은폐하려 했다. 민주주의는 불의에 맞설 수 있는 면역력을 갖춰야 한다. 이러한 어용 언론들은 불의의 도구이며, 자신들이 하는 일 자체가 범죄이며, 결코 용인될 수 없는 일이라는 점을 알아야 한다.

가난은 자연스러운 현상이 아니다

우리는 불과 얼마 전에야 가난이 자연스러운 현상이 아니라, 체제화 된 빈곤의 결과물이라는 사실을 알았다. 다시 말해, 체제가 대규모 불평등을 낳는다. 가난한 사람들이 있어 가난이 존재하는 것이 아니다. 가난은 빈곤 논리의 귀결이다. 우리는 이러한 가난을 용납할 수 없다. 가난 문제의 요체는 다음과 같다. 우리는 더 이상 '가난의 세계화'라는 상황이 아닌, '집단 빈곤'이라는 상황에 산다. 소수 집단만이 이 사실을 의식할 뿐이며, 대중의 의식도 매우 더디다. 예컨대, 집단 빈곤은 도시의 쇠락이나 의료보건 서비스의 질적 저하에서 선명하게 드러나는 현상이다. 부유한 도시가 아닐 경우, 이 현상은 더욱 두드러진다. 이와 맞물려, 사회의 빈곤화에 대한 사람들의 거부도 뚜렷하게 나타난다. 집단 빈곤이 근본적인 배제를 낳는다는 사실을 사람들도 깨달았기 때문이다. 대다수 사람들은 앞에서 설명한 첫 번째 삼중 유형을 통해, 지배자에 의해 규정된 삶의 의미를 제대로 파악할 수 있었다.

독자들도 잘 아는 것처럼, 지배자들은 언어를 결정하고, 그 언어로 세계를 분석하고 해석한다. 학교, 교육, 수업, 정보는 도구들이다. 지배 집단은 이 도구들을 통해 타자들이 삶, 과거, 현재, 미래의 역사에 관한 해석 방법을 습득하도록 교육과 훈련을 병행한다. 나는 삼중 유형에서 벗어난 양식들을 가리키기 위해 『세계에 관한 새로운 서사』*Una nuova narrazione del mondo*라는 책을 썼다. 권력자들은 우리에게 '성장 없이는 자유도 없으며, 성장이 우리 삶에 의미를 부여한다'고 가르치고, 설명한다. 오늘날 권력자들은 실업자들에게 다음과 같이 말한다. "당신에게 노동권은 없다. 당신은 그저 인적 자원으로 고용될 수 있음을 증명할 권리만 가졌을 뿐이다." 왜냐하면, 당신이 이러저러한 이유로 취업을 못하거나, 심지어 본인 의사와 무관하게 취업을 못할 경우, 당신은 아무것도 아닌 사람 취급을 당하고, 누구도 당신을 원하지 않을 것이기 때문이다. 미래의 실직은 우리 자녀들이 당면하게 될 큰 위기이다. 새로운 세대들은 서구 역사 최초로 부모 세대보다 가난하고 덜 행복한 삶을 살 공산이 크다. 한 때는 자녀 세대가 부모 세대보다 더 나은 삶을 살 것이라는 생각도 있었다.

그러나 오늘날 우리는 더 이상 그러한 생각을 신뢰하지 않는다.

폭력, 전쟁, 생존에 기초한 또 다른 삼중 유형은 일종의 순환 구조 속에서 앞의 삼중 유형과 밀접하게 연결된다. 즉, 기술, 금융, 시장은 폭력, 전쟁, 생존이 존재하기 때문에 중요한 요소가 된다. 두 가지 삼중 유형이 현재 우리의 삶에 의미를 부여한다.

은퇴 연금으로 월 400만원를 수령하는 사람은 이 연금의 의미를 알며, 월 70만원도 채 받지 못하는 사람들이 있다는 사실도 안다.4) 월 70만원도 받지 못하는 사람들에게 그 누구도 '세 금융사 중에서 이것이 혜택이 가장 높다'고 말하지 못한다. 결코 그 말을 믿을 리 없기 때문이다. 실제로 3년 후 70만원 대신 140만원을 보장할 수 있을 사람은 아무도 없다. 우리는 이들을 통해서도 삼중 유형을 설명할 수 있다. 결국 연금 수령인으로서 이들이 생산한 금액은 0이다. 400만원 수령하는 사람은 돈을 더 벌 수 있다. 왜냐하면 돈을 절약해서 금융 시장에 예치할 수 있기 때문이다. 기술, 금융, 시장이 대표하는 삼중 유형은 현 사회의 노인 문제를 오로지 재정 문제로만 강조한다. 그러나 우리 사회의 노인들이 당면한 실제 문제는 20년 후에 과연 누가 연금을 조달할 수 있는지를 아는 데 있다. 결코 다른 문제만 떠들 상황이 아니다. 나는 65세가 된 사람들에게 사회의 감당 비용이 되지 말라고 강력히 조언한다. 특히, 생산은 적게 하면서 저축 자금이 넉넉한 노인들, 은퇴 이후에도 30년 이상 풍족하게 살 수 있는 부유층 노인들이라면 더욱 그렇다. 그것은 하나의 악례惡例이다! 노동으로 충분한 공헌을 한 적도 없으면서 어떻게 노후 생존권을 요구할 수 있는가?

우리가 다루는 삼중 유형은 세계의 주인장 노릇하는 사람들, 즉 기술, 금융, 시장의 선택으로 탄생한 사람들에게 유리하다. 결코 우리는 지난 시절처럼 최상위 '귀족' 개념에서 역사적 타당성의 토대를 발견할 수 없다. "최상위 특권층"의 권리는 기술, 금융, 시장 논리의 결과물이다. 오늘날 더 이상 누구도 민주주의를 믿지 않는다. 사람들은 언제나 귀족처럼 군림하는 엘리트와 최상위 특권층의 힘을 더 신뢰한다. 공생이 용어를 사용해 규정할 수 있다면!의 길을 선택한 집단의 두 가지 특징이 있다. 바로 수행 성과들performances과 비교평가benchmark이다. 전자는 당신이 유능한 토지 측량기사인지 혹은 신문사 편집장인지를 검증하는 데 활용된다. 왜냐하면 오늘날 작업량이 모든 것의 측정 기준이 되기 때문이다. 후자는 말 그대로 비교와 평가이다. 이를 테면, 우리는 이탈리아 모데나 지역의 공원 청결도와 서비스의 질이 스웨덴 스톡홀름의 그것과 같은지 확인하려는 경우에 '비교' 라는 용어를 사용한다. 그리고 그 우열을 가리는 기준은 바로 재력이다. 만일 여러분이 모데나보다 스톡홀름에 더 많이 투자했고, 세계 금융 자본에 더 매력을 느끼는 사람이라면, 공원 '관리' 분야에 투자해야 할 것이다. 왜냐하면 비교평가를 통해, 우리는 모데나에 비해 스톡홀름이 세계 부자들의 더 많은 관심과 투자를 유치할 수 있는 중심지라는 사실을 알기 때문이다. 나는 에밀리아로마냐 지역의 소도시 모데나를 사례로 채택했지만, 이 도시는 생태 환경의 최상층에 있는 도시라는 점을 명심하자. 여러분은 과연 우리가 칼타니세타5)를 채택할 수 있을지 곰곰이 생각해 보기 바란다. 세계의 지배자들은 이 삼중 유형기술, 재정, 시장을 바탕으로 스톡홀름이나 칼타니세타에 투자를 결정한다.

「태양 24시」에 실린 네덜란드 국제 은행 에이비엔 암로 ABN-AMRO의 광고는 해당 분야의 주식 인증서인 '청색 인증서Blue Certificates'를 제시하면서 예금주들에게 물에 대한 투자 용이성을 설명했다. 2007년 3월에 잡지 한 면에 실린 이 광고에는 "나는 점점 더 갈증을 느낀다"라는 문구가 있었다. 이 문구에 전 세계에 우물이 없어 식수를 조달하지 못하는 사람들이 10억 6천만 명에 달한다는 설명이 덧붙었다. 그리고 다른 쪽에 "물에 대한 투자"를 유도하는 문구가 이어졌다. 광고는 물에 대한 투자는 석유나 기계 산업에 대한 투자 가치보다 26%나 더 높다는 점도 명시했다.

여기서 우리는 삼중 유형의 정체를 파악할 수 있다. 그것은 오늘날 석유가 아닌 물에 투자해야 하는 이유를 설명한다. 세계의 주인 행세하는 자들은 보편성, 매체들, 사건들, 자신의 독법을 따르는 충견 정치인들과 촘촘한 관계망을 조직했다. 실제로 이것들이 기술 투자의 작동 방식을 통제한다. 이처럼, 오늘날 우리가 "성장"이라 부르는 재난은 바다까지 흐르지 못하는 강물의 사례에서 더 구체화된다. 실제로, 우리가 세계의 물을 파괴했다 우리가 이 강물세계 모든 땅의 자연 정화기의 지구

청소를 금하고, 정화기로서의 역할을 못하도록 한다면, 우리는 투석透析하는 상황과 같을 것이다. 시간차가 존재할 뿐, 투석은 죽음과 맞닿는다.

세계의 물 상태가 황폐한 수준이라고 외치면, 세계의 주인 장들은 "걱정하지 마"라고 단언하며, 우리에게 바닷물의 염분을 제거할 수 있는 기술력이 있다고 되받아친다. 그렇다면, 이 기술력에 들어가는 비용은 과연 얼마인가? "걱정하지 마." 우리에게는 금융이 있다. 그렇다면, 천연 자연수가 없는 이스라엘과 캘리포니아가 전 세계를 대상으로 수출용 자몽 생산을 위해 혹은 방글라데시를 돕기 위해 해수의 염분 제거 작업을 해야 하는가? "걱정하지 마." 우리에게는 자유 시장이 있다. 따라서 삼중 유형의 역할은 다음과 같다. 그것은 지상의 주인 노릇하는 사람들의 도구에 지나지 않는다. 이들은 자기 이익과 권력에 따라 세계의 발전을 끌어갈 요량으로 이 도구를 우리의 동의도 구하지 않은 채 막무가내로 부과했다.

1450년 이탈리아 중부의 구비오Gubbio는 인근 도시 페루자 Perugia와의 전쟁을 위해 수많은 농민들을 사지로 내 몰았다.

이 사건을 어떻게 설명해야 하는가? 당시 농민들은 지금껏 우리가 다룬 삼중 유형에 사로잡혀 있었다. 현대인도 그 때와 동일한 이유로 "출전出戰"한다. 이 삼중 유형 개념은 이탈리아를 분석하는 틀로 여전히 유효하다. 그것은 좌파에서 우파에 이르는 이데올로기 범주 전체를 아우르고, 심지어 급진 좌파와도 결합한다. 오늘날 우파의 국민동맹Alleanza Nazionale과 포르차 이탈리아Forza Italia 소속의 주요 인사들뿐만 아니라, 피에르 루이지 베르사니6)와 린다 란칠로타7)와 같은 민주당 소속의 좌익 인사들도 지난 몇 년 전부터 모든 것의 "시장화mercatizzazione"를 외친다. 각 법령에 영향을 미치는 근본 원칙베르사니와 란칠로타의 의회 발의 법안을 참고하라. 하나는 모든 것을 자유화하는 문제와 관련된 법안이고, 다른 하나는 지역의 공공 서비스 관련 법안이다은 자유 경쟁 원칙이다. 그러므로 이들의 접근 방식에 따라 공공 서비스의 자유화를 추진하면, 지역 경제는 더욱 발전할 것이고, 더 많은 재정을 확보할 수 있으며, 결과적으로 우리가 사는 도시와 마을이 더 자유로워질 수 있을 것이다. 우리는 혁신 관련 담론에서도 같은 말을 하는 주무부서 담당자들을 본다. 과연 경제개발부의 존재 이유는 무엇인가? 왜 하필 베르사니가 기술혁신부 장관이어야 하는가? 왜냐하면 자유화를 통해 기업들의 자유로운 분위기가 더 많은 분야에 확산될 수 있고, 결국 비용 지불 능력이 있는 소비자들에게 유리한 수단들과 재화들의 생산 증가가 가능하다고 보기 때문이다. 이처럼 소비 시장이 성장하고, 그에 맞물려 부의 순환과 투자 및 혁신을 위한 예금의 순환도 끝없는 선순환 과정에 들어간다. 그 상황에서, 이 과정의 내부 사람들은 '출구는 없다'고 결론을 내렸다. 이들은 "가능성의 틀"을 제조했다. "틀"에 속한 것은 무엇이나 실행 가능하다. 반면, 틀 외부의 것은 실행 불가능하다. 틀 안에 적정한 자리를 확보하지 못한 사람들은 "사람답게 살 수 있는 장소라 할 수 없는 곳", 이른바 "비非장소non luoghi"라는 곳에 봉쇄된다.

  오늘날 지배 문화를 위한 유토피아는 하나의 "비장소"이다. "틀"의 기준에 맞는 등급에 속하지 않는다면, 즉 등급 미달이라면, 노동권, 생명권에 대한 주장은 유토피아나 마찬가지이다. 그리고 바로 이 지점에 '기술'이 개입한다. 사실, 나에게 기술이란 분석하기 매우 어려운 문제이자 논란의 여지가 있는 문제이다. 독자들은 컴퓨터, 항생제, 비행기 없는 삶을 생각할 수 있는가? 그럼에도, 이 문제는 매우 중요하다. 왜냐하면 기술 문제는 인간이 이미 되돌릴 수 없는 체계 속에 들어왔기 때문이다.

후진하지 않는 자동차

우리는 상당히 중요한 문제와 만났다. 우리가 해결해야 할 첫 번째 큰 난관이다. 우리는 현 사회를 위험에 빠뜨린 과정과 돌이킬 수 없는 상황에서 벗어날 수 있는지를 알아야 한다. 우리는 사회 곳곳에서 후진하지 않는 자동차와 닮은꼴을 발견한다. 후진이 없다면, 직진, 좌회전, 우회전만 가능할 것이다. 뒤로 가지 못하는 사회는 파국을 향해 질주할 뿐이다. 이 사회는 더 이상 자유로운 사회가 아니다. 독자들도 잘 알듯이, 오늘날 제품 제조는 더 이상 수작업으로 이뤄지지 않는다. 더욱이, 지식 없이 제조할 수 있는 것이 없기에 수작업을 배제한 제품 제조를 더욱 쟁점화 해야 한다. 현 시대는 기술이 지식을 독점한 시대이다. 앎을 생산하거나 사용하는 도구 정도로 축소된 학문 지식은 '기술' 없이는 존재하기 어렵다. 이미 '기술'에 물든 상태이기 때문이다. 모든 문명에는 저마다 고유한 지혜와 지식이 있다. 이를 앎이라 통칭한다면, 이 앎은 거룩한 신성과 삶의 본질의 표현이며, 정신과 숭고미, 기성 조건의 극복 능력 등의 출현이라 말할 수 있을 것이다.

기술에 의미를 부여하는 당사자는 우리였다. 그러나 오늘날 기술이 지식에 의미를 부여하는 역현상이 나타났다. 원자력 에너지가 그 사례이다. 무엇이 에너지 지식에 관한 전략 정치인가? 방사능 폐기물을 어떻게 관리할 수 있는가? 확실히 원자력 에너지에 관한 지식들에 의존할 수밖에 없다. 후진할 수 없는 자동차의 실 사례이다. 우리는 더 이상 방사능에서 독립된 특수 물리학을 생각할 수 없다. 지식은 더 이상 자유롭지 않다.

우리가 출발점으로 삼았던 주제들인 금융화, 기술화, "시장화" 문제로 되돌아오자. 이 문제들과 관련해, 다음과 같이 말할 수 있다. 우리는 더 이상 시장 외부의 존재에 관해 생각할 수 없다. 대학들은 사람들을 가르치고, 교원들을 조직적으로 양성한다. 그러나 대학은 '다른' 지식에 대해 분석하지 않는다. 강단이 고심하는 문제들에서 한참 떨어진 문제의 출현일 수도 있지만, 출현한 이 문제들은 우리의 피부에 닿는 매우 현실적인 문제들이다. 자녀에게 노동 시장에서 유리한 교육 과정을 택하도록 압박하는 부모를 생각해 보자. 그렇게 하는 이유는 일방통행로에 있기 때문이다. 즉, 우리 아이들이 행복한 존재로 자라고, 소비하는 삶의 권리를 확보할 수 있는 노동이 아닌, 어떻게 하면 취직에 유리한지를 가늠하는 지식, 취직에 유용한 도구로서의 전문 지식이라는 상황에 직면했기 때문이다. 반대로, 생명을 위한 지식의 재발견이 필요하다. 나는 생명을 위한 지식이라는 이 창조적 표현을 '모두가 함께 사는 삶'으로 이해한다. 이를 위해, 나는 혁신 기술에 관한 토론과 검토가 필요하다고 보며, 컴퓨터를 소유하려는 동기를 밝힐 필요가 있다고 생각한다. 오늘날 혁신 기술들과 컴퓨터와 같은 요소들은 우리에게 '디지털 인간'이 될 것을 종용한다. 사실 우리는 그러한 인간이 될 수 없다. 메사추세츠 공과대학교소속의 연구소 소장이자 수년 간 클린턴과 부시 행정부의 과학 자문위원으로 활동한 니콜라스 네그로폰테Nicolas Negroponte는 '디지털 생활 사회the digital life society', '디지털 인간'을 이론화했다. 물론 여기서 말하는

'디지털 인간'은 더 이상 '인간다운 인간'이 아니다. 그러나 우리가 자유로운 의식의 소유자라고 할 수 있다면, 컴퓨터를 원한다는 말에는 그것을 만드는 이유도 확실하게 안다는 말이 내포되어 있어야 할 것이다. 우리는 빌 게이츠의 방식대로 규격화된 '표준화'를 따르지 않고, 리눅스의 무상 정보 체계에서 자유롭게 자료들에 접근할 수 있는 방식인 '오픈 소스open source' 방식을 개발할 수 있다. 세상의 주인장들을 따라 '디지털 인간'이 되고 싶다면, 반드시 비용을 지불해야 하는 정형화된 '클로즈드 소스closed source' 방식에 부복해야 하기 때문이다. 그러나 리눅스의 방식에는 이러한 비용 지불이 없다.

탈성장의 삼중 유형

나는 변혁 의지로 충만한 또 다른 삼중 유형의 구조 건설을 제안한다. 맨 먼저 "탈시장화"가 필요하다. 그리고 금융의 무장 해제가 뒤따라야 하며, 마지막으로 공생의 인간화가 이뤄져야 한다. "탈시장화"의 의미는 무엇인가? 탈시장화는 사람들의 욕구에 부응하는 서비스들을 생산하는데 필요한 자원들을 할당하는 최고의 의사결정 권력을 시장에서 떼어 놓는 작업이다. 유럽 시민인 나를 분노케 한 일화를 소개하겠다. 얼마 전, 벨기에의 텔레비전 방송은 유럽 위원회가 이탈리아를 상대로 소송을 제기하려 한다는 내용을 보도했다. 가톨릭교회를 통해 외부 손님들에 대한 환대 활동을 허용한 이탈리아가 시장의 규칙을 위반했고, 교회와 회중들이 지불 규범을 정하는 방식이 유럽 위원회의 기능을 변조할 위험이 있다고 판단했기 때문이었다. 즉, 유럽 위원회는 시장 규칙들을 존중하지 않는다는 이유로 이탈리아에 대한 소송을 진행하려 했다. 이는 공사 구별할 것 없이 모든 환대 행위는 오로지 호텔과 가격이라는 매개 변수에만 관련될 뿐이라는 말과 같다. 단일 시장, 수도회, 노조들이 있으므로, 협동조합들은 이들의 방식에 적응해야만 한다. 거기에 조직의 자율성은 존재할 수 없다. 이러한 논리에 기초한 지배 문화는 자체 결정 가격으로 손님을 맞이하는 방식에 동의하지 않는다. 왜냐하면 시장 규칙만이 유일하고 정확한 규칙이기 때문이다. 바로 이것이 유럽 위원회의 문화이다. 벨기에 언론에 기고한 글에서, 나는 유럽 위원회 위원장의 사퇴를 촉구했다.

"탈시장화"란 '자유'를 내건 상업 기능의 시각으로서 인간의 모든 활동을 규제하는 권력의 제거를 뜻한다. 달리 말해, 우리는 교육에서 건강에 이르기까지 모든 것을 시장 논리에 맡길 수 없다. 시장 논리 때문에, 우리는 다른 권리들을 잃었기 때문이다. 만일 시장 논리를 소유했다고 생각하는 이탈리아나 유럽의 독자들이 있다면, 값을 지불할 권리도 당연히 가질 수 있을 것이며, 그러한 권리를 요구할 권리도 가질 수 있을 것이다. 더욱이 이러한 사고방식이 생활 전 영역에 적용될 것이다. 따라서 인격체들의 관계를 "탈시장화"하고 '공생공락'하는 길은 분명 어려운 길이다. 증여와 무상개념을 수용할 준비가 전혀 되어있지 않기 때문이다. 우리 중에서 판매와 상업 교환 이념인 유상 의료에 기초해 질병 치료를 받지 않고, 어떠한 교환 대가도 없이 질병에 걸렸다는 이유만으로 치료를 받을 수 있다고 생각하는 사람이 과연 몇 명이나 되는가? 무상무료 체계는 큰 걸림돌이며, 상상조차 해 본 적 없는 일이다. 우리가 말하는 무상은 인간관계를 한 땀 한 땀 잇는 실과 바늘이다. 그러나 이러한 무상을 상상할 수 없다는 주장을 적극적으로 수용한 사회는 바로 "상품화" 사회이다. 그러한 이유 때문에, 유럽 위원회는 위에 거론된 환대의 방식들을 제거하라고 요구할 수 있었다. 따라서 "탈시장화"란 공동선을 사유화 논리에서 탈출시키고, 공공 분야의 수많은 용역들을 "상품화" 논리에서 구출하는 일이다. 그것은 대기, 토지, 물, 공기와 같은 공동선의 재창출을 의미한다. 오늘날 토지의 공공성을 말하기가 얼마나 어려운 시대인가! 토지 공공성에 대한 주장은 지난 5백년 동안 존속해 온 일반 경향에 반대한다는 말이다. 왜냐하면 '종획인클로저 운동'과 더불어 잉글랜드에서 토지 사유화가 시작되었기 때문이다. 우리가 물을 공동선으로 보호하려 할 때, 대다수의 사람들거대 산업 자본가들과 소유주들을 포함은 다음과 같이 말한다. "신은 우리에게 물을 선물로 줬다. 그러나 깜빡 잊고 배관을 보내지 않았다." 이처럼 물은 민간 경제의 자산이 되었다. 또한 물이 지나는 배관의 소유자라면 누구든 신보다 더 강력한 힘을 갖게 되었다.

제국 미국은 교토 협상의 재개 가능성에 조건부 합의했다. 미국은 이산화탄소 배출에 시장의 도구들을 적극 활용한다는 조건을 걸고, 교토 협상의 재개 가능성을 이야기했다. '시장의 비즈니스용 도구들'의 수익 전략을 노골적으로 드러낸 미국의 일방적인 요구에 모두가 항복하고 말았다. 우리네 지도자들이 공기의 상업화와 사유화를 수용한 셈이다. 공기의 일부를 판매하지 않는다면, '이산화탄소 배출 시장'이란 도대체 무엇인가? 이산화탄소 배출 문제를 마치 환상적인 것, 지성의 성취이자 기독교 민중 전통의 승리와 같다고 이야기한 루텔리[8]에게 지금 필요한 것은 사임이다. 이처럼, 우리는 진정한 풍요와 행복의 영역으로 "탈시장화"를 이야기한다.

두 번째 지점은 금융의 무장 해제이다. 오늘날 의사결정, 가치평가, 우선순위 정립, 전 지구 차원의 사용 통제권은 더 이상 정치 기관들의 손에 있지 않고, 모조리 금융 기관들의 손아귀에 들어갔다. 우리가 탈성장을 원한다면, 금융으로부터 이러한 결정권을 빼앗는 일이 시급하다. 공공성을 띤 상호저축은행이 사라졌다. 이 은행은 더 이상 존재하지 않는다. 모조리 민영화되었기 때문이다. 나는 2008년 예산에 "생명과 공동선을 위한 재정"이라는 명칭을 붙였다. 덧붙여 680억 원이나 1300억 원을 상호저축은행현재 완전 소멸된 생성 과정을 재활성화, 재개하는 데 할당할 것을 제안한다. 해당 예산이 지역, 국가, 국제 정치인들이 정한 규칙에 따라 시민들의 저축에 활용될 수 있기를 바란다. 나는 이러한 제안에 우리에게는 부패에 찌든 사람들, 특정 집단과 계급의 이익에 복무하는 기업들이 아닌, 새로운 정치인과 제도가 필요하다는 의미를 담았다. 그러므로 금융의 무장 해제는 정치의 갱신과 대표 기관들의 재생을 의미한다. 그러나 이 모든 일은 매우 버거운 일이다. 정치 대표자들을 신뢰하는 사람들이 많지 않기 때문이다. 무엇보다 이 문제를 국제 차원에서 논하기도 어려운 형편이다. 그러나 정치 대표자들에 대한 불신은 탈성장 논의에 유익하지 않다. 우리는 주민들의 투표로 선출된 정치 대표자를 신뢰하고, 직접 민주주의를 믿으며 지역, 국가, 세계 차원의 정치 제도들을 갱신하려는 작업에도 신뢰감을 표해야 한다. 우리는 세계 차원의 대표 정부를 구성하는 방안도 생각해 보아야 한다. 물론, 지역을 출발점으로 삼아야 한다. 그러나 지역에 갇혀서는 안 된다. 요약하면, 금융의 무장해제는 이른바 '정치적인 것'이라 할 수 있는 부분에 대한 책임이다. 풀어 말해, 가능한 한 직접 참여 수준에 도달하겠다는 일념으로 공공을 대표하는 새로운 정치인들을 끊임없이 발굴해야 한다.

네가 존재하므로 내가 존재한다

두 번째 삼중 유형의 세 번째 요소는 바로 '공생의 인간화'이다. 공생은 중요한 요소이다. 각자가 개인사의 과정을 확보하는 개연성에 기초한 접근이기에 중요한 것이 아니라, 공동의 기획을 짊어지고 이해할 수 있는 인격체, 단일한 역사, 즉 인류사에 소속된 인격체의 집단을 구성할 수 있기에 중요하다. 따라서 공생은 구조의 문제이며, 65억 인류 전체9)에 해당하는 문제일 수 있다. 다시 말해, 인간의 경험이 집적된 모든 것을 수용한다는 말이다. 반투족의 격언처럼, "네가 존재하므로 내가 존재한다." 덧붙여, 아프리카에는 "네가 여기 있기에 내가 있다"라는 격언도 있다. 공동체의 용어들로 집단성을 수용하는 일은 각 사람이 구성원을 이루는 인류의 경험을 기록하는 일, 이들이 속한 사회가 무엇이건 개의치 않고 이들의 경험을 기록하는 일을 뜻한다. 인격체, 공동체, 인간다운 삶의 조건 '지금 여기'에 있는 인간으로서의 조건이자, 역사 내부에 있는 조건을 가리킨다. 이 조건에서 '자아'는 현실 역사의 구성원으로 끝나지 않는다. 자아는 지난 30억 년 동안 펼쳐진 인류사의 일원이며, 앞으로 펼쳐질 또 다른 20억 년 인류사의 일원이다. 인간다운 삶을 살아야 하는 조건은 과거, 현재, 미래를 아우른다. 이러한 경험은 이론적이지 않고, 매우 구체적이다의 관계를 의미한다. 순환과 복잡성을 갖춘 이 역동성의 봉우리들 중에 한 곳에만 특권을 부여해 인간 조건의 문제를 다루는 철학들과 분석들은 명백한 오류이다.

우리가 인간 조건의 보편성을 구성하며, 이 보편성 너머에서 존재할 수 없다는 것을 인정하는 일이 중요하다. 왜냐하면 인격체의 개별 측면에만 가치를 둔다면, 개별성과 보편성 사이의 불가피한 역동성, 즉 우리가 공생해야 할 이유를 이해하는 데 기본이 되는 역동성이 사라질 것이기 때문이다. 달리 말해, 타자를 배제하는 모든 형식은 결국 자기 자신에 대한 부정과 동일하다. 만일 내가 경호를 강화해 롬인들10) 주변을 지난다고 하자. 그 순간 나는 인간성을 파괴했고, 인간성을 갖춘 구성원으로서의 자격도 잃었다. 물론, 롬rom인들의 출현에 두려움을 느낄 수 있다. 그러나 그 이유는 좀도둑과 관련지어 이들을 규정하기 때문이다. 오늘날 이들을 두려워한다는 말의 의미는 무엇보다 이들이 내 소유물을 노리고

도둑질하려는 것에 대한 두려움일 것이다. 그사이 우리는 타인의 인간다운 면을 너무 쉽게 내팽개친다. 그러므로 나는 공생의 토대를 조직하는 일이 중요하다고 생각한다. 악행이 항상 존재하지 않더라도, 사람 사이의 갈등은 늘 존재하기 때문이다. 문화와 정치 분야에서 거둔 민주주의의 위대한 승리는 조직된 집단으로서의 우리 각자가 저마다의 관심사를 가질 수 있다는 사실에 주목한 데 있다. 다시 말해, 우리 각자의 관심사가 서로 맞부딪히고, 51%가 다수와 보편의 관심사에 따라 의사 결정을 내릴 수 있는 합법적 권리를 보장 받는다. 민주주의는 갈등을 완벽히 제거하지 않는다. 그러나 민주주의는 "타자"와의 전쟁 상태를 초월하고 "타자" 배제를 방지할 수 있는 도구들을 제공한다. 이 말은 헌법에 명시된 소수자들의 권리에 대한 존중을 뜻한다. 소수자라는 이유만으로 그의 시민권을 중단시킬 수 없다.

사회적 권리를 갖춘 상태의 사회를 뜻하는 '복지'는 모든 것을 소유한 자본가들의 요구와 자기 노동의 생산성을 향유하려는 노동자들의 요구를 다소간 조화롭게 종합했다. '복지'는 다양성을 제거하지 않는다. 오히려 그것은 압제할 권리를 배제하고, 타자에 대한 자아의 이익 충족을 배제한다. 그러나 오늘날 자본, 금융, 기술의 소유주들은 투자로 인해 발생하는 부의 산물에 대한 소유를 주장한다. 이러한 의미에서 소유주들은 진보에 기여한 부분이 없다. 자본주의는 각 시대마다 이 고유한 삼중 유형의 논리를 실행하는 자유를 누렸다. 그리고 그것은 곧 위기로 이어졌다. 그러나 20세기에 나타난 현상처럼, 위기가 사회 투쟁 세력과 맞물렸을 때, 그 위기는 곧 진보를 불렀다. '복지 국가'는 우리 사회의 진보를 가능케 한다. 그 이유는 다음과 같다. 첫째, 복지 국가는 자본주의의 자유에 대한 조건과 방향성이 된다. 둘째, 복지 국가는 재화와 용역을 생산하는 자본주의 역량의 조건과 방향성이 된다. 셋째, 복지 국가는 집단 복지의 방향을 설정한다. 요컨대, 자본주의는 진보를 허용치 않는다. 오히려 자본주의는 진보에 재갈을 물린다. 고삐 풀린 망아지가 되면 될수록, 위기는 가중된다. 자본주의가 자유롭게 자연을 사용하면 할수록, 자연에 대한 착취는 극심해진다. 우리가 자연 파괴의 경향들을 거부하는 데 성공한다면, 그 이유는 자본주의가 화학약품과 에너지에 대한 자유로운 사용을 외쳤음에도 불구하고 지난 100년 동안 규칙과 절제의 필요성을 역설하고, 환경 존중을 위해 투쟁하며, 생태주의 운동의 초석을 다진 사람들이 있었기 때문일 것이다. 이러한 목표를 위해 싸웠던 모든 집단들 덕에, 우리는 자연 파괴의 경향들을 거부할 수 있었다. 결코 자본주의의 공덕이 아니다.

사기업들이라 할지라도, 기업들에 부과되는 자유에는 확실히 거대한 잠재력이 꿈틀댄다. 또한 기업들도 이 잠재력을 두 팔 벌려 환영한다. 그러나 기술이 합목적성을 갖췄을 경우에만 진보가 가능했다는 점에 주의해야 한다. 다시 말해, 생산에 대한 여러 규제가 있을 때, 자연 활용에 대한 표준 규제가 있을 때라야 진보가 가능했다. 사람들은 30년 전에 이미 학내 컴퓨터 사용을 거론했다. 학내 컴퓨터 사용은 오늘날 이탈리아에서도 흔히 볼 수 있는 장면이다. 그러나 컴퓨터 배치에 발맞춘 교수법이 준비되지 않고, 그에 대한 가치평가가 이뤄지지 않고, 학교 현장에 실제 활용되지 않는다면, 컴퓨터는 사실상 무용지물이다. 진보를 일구는 길이란 공생이 우리의 최종 목표가 될 때라야 가능하다.

모든 인간에게는 존재해야 할 권리가 있다. 왜냐하면 우리는 인간의 조건이 선악 분리로 규정되지 않는다는 사실을 배웠기 때문이다. 선과 악은 이 땅을 살아가는 사람들의 역사에서 비롯된 소산이다. 언제나 의식을 넘어서는 우리들의 행동으로 빚어낸 열매이다. 50년 후, 지구상에는 35억의 가난한 사람들이 살게 될 것이다. 선악의 존재 때문이 아닌, 순전히 우리의 바람 때문이다.

기후 변화에 관한 정부 간 패널IPCC의 제4차 평가보고서에 따르면, 현재의 기후 변화는 지구 생태계의 자연 기능과 큰 관련이 없다. 오히려 기후 변화 문제의 근본 출처는 바로 인간이다. 기후 변화는 인위적인 문제이다. 즉, 지구 생태계에 재난이 닥친다면, 그 이유는 세상에 악과 선이 존재하기 때문이 아닌, 우리가 그러한 재난을 바랐기 때문일 것이다. 이 모든 것의 주범은 어디에 있는가? 몇몇 집단들을 악마로 몰아세우면 쉽게 찾을 수 있을 것이다. 그러나 나는 이러한 악마화가 현명하고 책임 있는 대답이 될 수 있다고 생각하지 않는다. 두 번째 대답은 아마 첫 번째 것보다 훨씬 쉬운 대답일 것이다. 바로 우리가 파괴의 주범이라고 말하는 것이다. 청소년들은 오토바이와 휴대전화처럼, 특정 집단에 소속되었다는 느낌을 주는 소비재를 소유하려 한다. 그러나 이러한 소비 조건을 조성한 '넋 나간 장본인'은 청소년들이 아니라 어른들이다. 그러나 동일시 과정을 양산하는 광고를 어떻게 차단할 수 있는가? 청소년들이 이러한 욕망들을 거부하고 시류를 거스를 수 있는 방법은 무엇인가? 후진 없이 오로지 직진만 일삼는 조건을 만드는 이 작동 기제를 어떻게 가로막을 수 있는가? 여기에 모인 우리 모두가 죄인 중의 죄인이고, 못난 선생들이다.[11]

　　그러나 모두를 악마화 하는 방향도 참은 아니다. 사회는 다음과 같은 목적에 따라 조직되어야 한다. 저마다 동일시 과정을 달리하는 사회, 소유를 사회의 본바탕으로 삼지 않는 사회, 재화들과 용역들에 대한 접근을 진보와 인간 혜택에 대한 표현으로 여기지 않는 사회이어야 한다. 한 마디로 요약하면, 우리는 이러한 접근법의 기저에 깔린 작동 방식과 원리들을 제대로 살펴야 한다. 예를 들어, 성장의 삼중 유형은 다음과 같이 주장한다. 사물은 그것이 교환되는 경우에만 가치를 지닌다. 그러나 이것은 진실이 아니다. 이를 이해하기 위해 굳이 마르크스나 엥겔스까지 성가시게 할 필요는 없다. 중요한 것은 사용 가치이다. 따라서 핵심은 시선의 각도를 달리하는 데 있다. 다만, 나머지 것들이 전부 바뀌지 않는다면, 충분한 변화는 불가능할 것이다. 세계에 대한 시각과 분석의 주체를 바꾸는 정도로는 불충분하다. 수십 억 인구가 함께 바꿔야 한다. 강자들이 조성한 조건에서 해방되어야 한다. 왜냐하면 역사는 이들이 짜놓은 방향의 역방향으로 진행할 때만 진보하기 때문이다.

비근한 예로, 우리의 부모와 조부모 세대가 손으로 일군 각종 사회적 권리와 인권을 떠올려 보라. 오늘날에도 소수자들은 자기 권리의 확보를 위해 투쟁한다. 그것은 기득권 지배자들이 이들에게 권리를 부여하지 않기 때문이다. 오히려 이들은 이미 성과를 낸 부분까지 원상 복구시키려 든다. 그러므로 우리는 세계를 다른 시선으로 바라보는 일에 착수해야 하며, "타자"의 관점을 취하는 것을 변혁의 출발점으로 삼아야 한다.

일례로, 코카인을 재배하는 콜롬비아의 한 농부를 생각해 보자. 그는 반국가 게릴라 단체의 통제를 받으며 마약을 생산하는 농장에서 살아야 한다. 혹은 역시 마약과 연계된 콜롬비아 정부군의 통제를 받으며 농장에서 살아야 한다. 우리는 전혀 다른 빛을 쬐며 사는 세상을 본다. 말이야 쉽지, 실제로 그러한 억압과 통제를 받으며 살기란 쉽지 않다. 이 농부와 같은 사람들이 현 세계의 상당수를 차지한다. 세계 부의 82%를 점하고, 세계 소비의 88%를 대신하는 우리는 세계 전인구의 12%에도 미치지 못한다. 2015년 유엔은 2030년까지 빈곤을 끝내는 목표를 채택했다. 그것만이 유일한 가능성이라고 말하고 떠든 당사자는 바로 "우리"였다. 그러나 빈곤에 허덕이는 25억 세계 주민들은 그 자리에 없었다. 그들은 우리를 향해 우리가 해야 할 일을 말한다. 모든 자원봉사 단체, 복지 단체, 경제 협력 운동들은 빈곤 퇴치가 불가능하다는 주장을 담은 밀레니엄 선언문에 서명했다. 지난 2021년에 우리는 10,477조원의 부를 생산했고, 그 중 약 2,200조원을 군비로 지출했다. 군비 지출 액수는 전 세계 차원의 협력과 원조를 위해 사용된 액수의 여섯 배에 달한다. 이 사달이 난 이유가 무엇인가? 바로 우리가 '빈곤 근절의 가능성'을 이야기하지 않고, '반감 가능성'만 이야기했기 때문이다.

그러나 과연 누가 이것들을 바꿀 수 있겠는가? 이러한 일을 수행하는 데, 우리는 "타자"의 편에 서지 않았다. 오히려 우리는 기술, 금융, 시장, 수천조원2008년 당시 5,400조원의 부를 소유한 자들의 편에 섰다. 줄기 세포와 분자 물리학 분야의 특허권 신청이 가능한 연구소를 가졌다고 떠들었고, 세계는 이런 형태로 구성되었다고 단언했다. 그렇다면, 변화 가능해 보이는 이 세계에 왜 변화가 일어나지 않는가? 하여, 나는 탈성장의 의미를 다음과 같이 말하려 한다. '세계 변혁의 의무는 바로 우리에게 있다. 우리가 이를 감당해야 한다. 왜냐하면 우리가 그 변혁의 역량과 가능성을 지녔기 때문이다.12)

"우리가 일구는" 세계의 "재시민화"

반면, 지배 체제는 다음과 같이 주장한다. 현재 우리는 일반화된 생명의 인공화로 나아가는 중이며, '포스트 휴먼' 문명의 창조라는 역사의 한 장을 쓰는 중이다. 우리는 숲을 포기하고, 단명短命하는 새로운 식물 세대를 기반으로 '순환 주기가 짧은 숲'을 조성한다. 천연숲에서 이익을 얻으려면, 80년에서 100년을 기다려야 하는 데, 그럴 수 없기 때문이다.

따라서 사람들은 15년이다 20년 뒤면 충분한 이익을 낼 수 있는 숲을 개발했다. 세계의 재조림화는 더 이상 과거처럼 80년 넘게 걸리는 수목들로 진행되지 않고, 10년에서 15년 정도의 수목들로 진행된다. 금융 생산 주기에 맞게 그 결실을 거둬야 하기 때문이다. 사실상의 인공화 사업이다. 집단 지성, 포괄 지성의 두뇌와 관련된 이념들에 대해 생각해 보자. 이 지성에서 우리는 병원성 박테리아 수준 밖에 되지 않는 미세 물질에 불과하다. 나는 해커들을 찬양한다. 현 체제에 대한 이들의 반란에 박수를 보낸다. 이들이 미 국무성펜타곤 컴퓨터에 잠입할 때마다, 나는 이들의 무사 귀환과 안녕을 염원하는 잔을 든다. 또한 의혹 덩어리 사업을 관행으로 채택해서 떼돈을 번 인류의 위대한 독지가 빌 게이츠의 쓰린 속을 걱정하며 건배한다. 인류 문명의 이러한 인공화로 인해, 우리에게 공생의 재인간화더 인간답게 살 수 있는 분야가 없다면라는 새로운 임무가 주어졌다. 나는 공생의 재인간화를 이루는 길이 세계의 "재시민화ricittadinare" 작업이라고 생각한다. "재시민화"는 기존의 이탈리아어에 없는 말이지만, 독자들이 충분히 이해할 수 있는 말일 것이다. 풀어 말해, "재시민화"는 정치 의제와 우리의 일상에 시민 주도의 삶을 재도입하는 일이다. 즉, 우리가 사는 지역의 "재시민화"가 근본이 되어야 한다.

우리 사회에서 시민권 인정의 문제는 중요하다. 만일 통행증여권이 없다면, 우리는 생활하기 어려울 것이다. 롬rom인의 위험성은 바로 이들의 여권 소지 거부에 있다 그러나 사회의 공간을 공존 가능한 곳으로 재시민화하기 위해 꼭 필요한 일들이 있다. 먼저, 인간관계의 의미와 재화 및 용역 생산 활동의 의미를 재정립해야 한다. 그리고 자체 생산 양식을 재창출해야 하며, 환대 활동의 "시장화"를 제거해야 한다. 마지막으로, 농토로서 기능할 수 있도록 토지를 재창출해야 한다. 토지는 더 이상 먹거리 목적의 농산물을 생산하지 않고, 수출 목적의 농산물을 생산한다. 우리가 이 현상을 수용하는 이유는 무엇인가? 또한 토양이 아닌 수출을 위해 생산한다는 신비화 이후에, 에너지 창출에 초점을 맞춘 농산물 재배라는 두 번째의 위대한 신비화를 수용하는 이유는 무엇인가? 최악의 사태가 벌어질 수도 있다.

브라질의 룰라는 에탄올 연료 합법화 추진으로 본인의 정치 이력에 최대 오점을 남기고 말았다. 나는 차베스의 정책을 선호한다. 비록 대중주의와 선동가라는 세간의 비난도 있지만, 배럴 당 12만원에 판매하던 원유를 가난한 나라들에 배럴 당 12,000원에 판매하는 정책만큼은 좋다고 생각한다. 따라서 우리가 거주하는 도시와 지역에서의 '삶'과 연관된 모든 의미를 다시 도입한다는 뜻에서, 경제의 '재지역화'는 반드시 필요하다. 또한 좌파 출신 시장도 질서를 유지하는 경찰이 되려 하는 현 상황을 깊게 생각해 봐야 한다.[13] 그러나 역으로, 우리는 지상의 어떤 거주민도 지하세계 생활자로 간주되지 말아야 한다는 시각을 거듭 긍정해야 한다. 우리가 각 사람을 인격체로 여긴다면, 이 세상에 불법 체류자로 보일 사람은 아무도 없을 것이다. 모든 사람이 시민주민으로서 이 땅에 거주할 권리를 갖는다. 따라서 세계를 "재시민화"한다는 말은 세계 25억 민중들을 굶주림 상태로 유지하는 배제, 즉 이들이 인간답게 살 수 있는 조건들을 빈약하게 만드는 온갖 형태의 배제를 제거한다는 말과 동의어이다.

2장. 자멸하는 성장

세르주 라투슈

자기 궤도를 충실히 돌던 행성이 있었다. 어느 날 지구 가까이에 이르러 수백만 년 동안 만나지 못했던 친구에게 물었다. "어이! 친구 잘 지냈는가?" 지구가 답했다. "별로 안 좋아. 나 지금 심하게 아파서 죽을지도 몰라.""아니 무슨 병이라도 걸린 거야? 어쩌다 그랬어?""인류라고 아주 골칫덩이야. 몇 백만 년 전부터 이 동네에 살았는데, 혼자만 살려고 바득바득 기를 쓰더니만 이제 자기까지 파괴하고 난리야." 위베르 레브Hubert Reeves가 전한 이 우화에서 우리는 다음 사실을 깨닫는다. 현재 우리는 종種의 멸절을 체험하는 중이다. 5

차 지구 대멸종은 6천 5백만 년 전으로 거슬러 올라간다. 당시에는 공룡이 멸종했다. 6차 멸종은 이와 다르다. 왜냐하면 매일 100에서 200에 달하는 생물 종이 무서운 속도로 사라지기 때문이다. 모두 인간이 자초한 일이며, 심지어 인간 자신도 이 멸종의 희생자가 될 수 있다.

학계의 일부 동지들은 인류가 확실한 자멸의 길을 걷는 중이라고 말한다. 최근 프랑스의 한 저자는 『인류는 사라질 것이다. 잘 된 일이다!』Yves Paccalet, *L' humanité disparaîtra, bon débarras*!라는 책을 출간했다. 내 생각은 정반대이다. 인류 자체가 자멸로 치닫는 종이 아니다. 오히려 자멸은 성장 사회의 본질이다. 따라서 이 문제에 대한 심화 분석이 필요하다. 우리 사회는 단지 '성장을 위한 성장'을 목표로 삼는다. 즉, 소비 상승으로 생산품을 무한정 부풀리는 사회이다. 항상 더 많이 생산하고 더 많이 소비하면서, 생산품과 쓰레기를 동시 배출한다. 물론, 우리는 사회 정의에 해당하는 필수품 충족에 포함되는 먹거리 생산을 문제 삼을 수 없다. 진짜 문제는 목적 자체로 변질된 성장, 즉 절대 성장Crescita이다. 무한한 개발과 발전은 유한한 지구와 결코 양립할 수 없다.

따라서 우리는 성장 사회에서 벗어나야 하며, 광기어린 힘으로 질주하는 이 사회에 맞대응 할 수 있을 다른 사회를 조직, 구성해야 한다. 우리는 그 과정을 "탈성장"이라 부른다. 탈성장은 지구를 파멸의 길로 거칠게 몰아가는 '성장을 위한 성장'이라는 사악하고, 지옥과 같은 논리와의 철저한 단절을 뜻한다. 더욱 엄격한 단절을 위해, 우리는 그리스어 접두어 'a'를 사용해 '무-신론'을 언급하듯 '무-성장a-crescita'을 이야기해야 한다.[1)]

탈성장 유토피아

모두가 발전에서 생존하는 법, 그리고 이러한 생존이 가능한 사회를 조직하는 법을 사유하는 것이 바로 유토피아이다. 그러나 우리는 위기의 순간에 유토피아를 원한다. 유토피아는 꿈꾸도록 하는 어떤 것이다. 현재 우리는 악몽을 꾸는 중이다. 따라서 새로운 꿈이 필요하다. 철학자 에른스트 블로흐가 『희망의 원리』에서 밝힌 의미에 따르면, 유토피아는 우리가 원하는 것을 가능케 할 기획 능력이다. 유토피아가 없다면, 정치는 사라지고 체계와 행정 관리만 남을 것이다. 탈성장은 유토피아이며, 탈성장 사회 기획은 구체화 된 유토피아이다.

나는 탈성장 사회 조직의 도식을 '선순환'이라 주장한다. 경제학 공부를 하던 1960년대 당시 모든 경제학 교수들은 성장의 선순환을 이야기했기 때문이다. 성장은 좋다. 임금 인상과 무엇보다 생산 향상을 가능케 한 생산성 수익을 실현하기 때문이다. 그렇게 되면, 세금을 통해 노동자, 자본가, 국가에게 이익을 가져올 것이다. 즉, 너도 이기고 나도 이기는 경기, 모두가 이기는 경기이다. 그러나 이들이 언급하지 않았던 두 가지 패배자가 있었다. 자연과 남반구 세계였다. 오늘날 자연은 복수를 시작했다. 우리가 기후 변화에 대한 규제를 철폐한다면, 오늘의 광기 때문이 아닌, 어제의 광기 때문일 것이다. 옛 시대의 향수에 젖은 프랑스인들은 "영광의 30년"을 계속 떠든다. 영광의 30년이라 부르지만, 사실은 광란의 개발로 자연을 헤집은 사악하고 불행한 30년이었다.

두 번째 피해자는 남반구 세계이다. 오늘날 이 지역의 상황은 과거보다 더 악화되었다. 나는 그 기간 동안 선순환에 대한 향수를 간직했고, 여덟 개의 알파벳 대문자 'R'재을 사용해 탈성장 사회 구성을 제안했다. 재평가, 재개념화, 재구조화, 재분배, 재지역화, 축소, 재활용, 재생이다.2) 이 구성요소들은 서로를 강화시키는 상호 의존 활동이다. 독자들은 이 도식을 '이탈리아 탈성장 문제'를 중점 보도한 월간지 「4월」의 최신호2007년 6월호에서도 확인할 수 있다. 여덟 가지의 'R'을 통한 내 주장은 정치 기획이 아닌 구체적인 유토피아이다. 또한 일관된 순환을 낳는 이론 기획이지만, 하나의 프로그램으로 즉각 실현 가능한 기획은 아니다. 탈성장 기획은 궁극적인 정치 기획으로 제작 가능하다. 탈성장의 수원지는 두 곳이다. 한 곳은 무한 성장의 불가능성과 우리의 의무 변혁을 이야기하는 생태 이론이다. 또 다른 한 곳의 대표 주자는 소비 사회가 바람직하지 않다고 경고하는 이반 일리치와 그의 연구 집단이 제시한 사상이다. 우연히도 이것은 『해적의 글』Scritti corsari에 나타난 후기 파솔리니의 사상이기도 하다. 인류와 문화를 파괴하는 소비 사회는 분명 바람직하지 않다. 만일 소비 사회와 다른 방식으로 산다면, 더 나은 삶을 살 수 있을 것이다. 왜냐하면 가능한 한 모두가 적은 재화로 더 나은 삶을 살 수 있기 때문이다.

그간 불완전한 방식으로 성장 노선을 걸었던 사람들아프리카이나 최근 들어 노선 변경을 단행한 사람들중국과 인도에게 탈성장 사회를 제안하기 위해, 오늘날 탈성장 노선에 돌입하려는 유럽 곳곳의 사회 현상은 분명 호재이다. 행운인지 몰라도, 중국인은 미국인이 아니다. 분명 중국인도 서구화되었지만, 서구인보다 더 높은 수준책임의 수준에서 문제들을 의식한다. 최근 들어 중국도 난항과 부침을 겪는 중이지만, 이들은 누천년의 위대한 문화를 가졌고 그 중 일부는 현재에도 존속한다.3) 나는 쉽사리 절망감에 사로잡히지 않는다. 미래는 오직 중국인들의 제조품에 달렸고, 우리가 할 수 있는 일이란 이들이 지구를 파괴하지 않도록 기원하는 일이다.

여하튼, 미완성 단계이지만 회오리바람처럼 매섭게 몰아치는 신흥국의 성장은 차치하고서라도, 유럽이야말로 변화의 길을 모색해야 한다. 물론 빠르면 빠를수록 좋다. 중국인들에게 서구 세계가 닦은 길을 답습하는 우를 범치 말라고 조언이나 건넬 한가한 상황이 아니다. 탈성장 노선을 제시하고, 기존의 방식과 다른 방식으로도 더 나은 삶을 살 수 있음을 입증하는 길이 우리가 할 수 있는 유일한 일이다. 나는 앞서 제시한 여덟 가지의 'R'재을 포기하고 싶지 않다.4) 더 나아가 보다 구체적인 두 가지 지점에 주목하려 한다. 바로 '자율성 유토피아'와 '지역의 구체적인 유토피아로서의 탈성장'이다.

[도표] 여덟 가지 "R재"의 순환

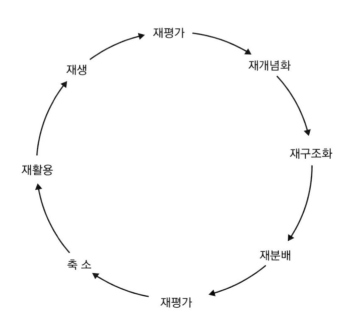

근대성과 자율성 연구

나는 "자율성"을 되살리려 한다. 그 이유는 탈성장 사회는 새로운 기획이 아니며, 이미 이반 일리치[5]나 그리스-프랑스 철학자인 코르넬리우스 카스토리아디스[6]의 사상에서 다른 명칭들로 존재했던 기획이기 때문이다. 이들이 사용한 언어는 "자율성 사회"였다. 특별히 자율성 기획은 여덟 가지 "R"에서 재평가, 재개념화, 재구조화, 축소와 관련된다.

우리는 자율성이라는 단어를 타율성과 정반대로, "스스로 고유한 법칙을 부여하는"'자율 규범'이라는 강력하고 독창적인 의미로 이해해야 한다. 이러한 시각을 바탕으로, 근대성 기획이 곧 계몽주의 기획이었다는 사실을 기억할 필요가 있다. 인간을 자율 존재로 만들고, 전통, 계시, 초월성에서 해방시켜야 하며, 사제 지도 중심에서 벗어난 인간 사회를 창조해야 한다. 그러나 계몽주의를 위시한 근대성 기획은 결국 자기 파괴에 이르고, 역사에 이질적인 사회를 구현했다. 즉, 금융 시장 독재의 사회, 특히 주식 시장이 독재자로 군림하는 사회를 낳았다. 이것은 시민들의 투표보다 더 중요했다. 사실, 투표로는 이러한 사회를 결코 그리지 못한다. 또한 금융 시장은 통치권자들의 뜻보다 더 중요했다. 금융 시장은 연금 연령 인상, 급여 축소, 노동 유연성 향상을 요구한다. 경제의 보이지 않는 손이 우리를 지배한다. 과연 우리는 보이지 않는 손보다 더 이질적인 것을 생각할 수 있는가?

자율성이라는 용어 자체는 좋다. 그러나 그리 간단하고 단순한 말은 아니다. 우리는 이 용어를 다양한 형태로 이해할 수 있다. 이반 일리치의 자율성 개념은 카스토리아디스가 생각했던 개념에 정확히 일치하지 않는다. 자율성을 이야기하는 일리치는 무엇보다 현대 기술을 염두에 둔다. 현대 기술은 반생산성을 낳은 오류의 길을 걸었다. 자동차를 사례로 제시해 보자. 통상 자동차는 도보 이동보다 빠른 이동을 위해 제조되었다. 만일 자동차로 이동하는 데 도로에 아무도 없다면, 백 시간이라도 갈 수 있을 것이다. 그러나 모두가 자동차를 소유한다면, 상황은 달라진다. 일반화된 속도는 계산 가능하다. 즉, 우리는 자동차를 타고 1년에 2만km를 갈 수 있다. 그러나 2만km를 주파하려면 얼마의 시간이 필요한가? 교통 체증 구간을 장시간 운전한다면, 시간이 늘수록 더 많은 연비를 지불해야 한다. 또한 연비를 위해 우리는 더 많이

일해야 한다. 계산하면, 통상 가족들은 월수입 30%를 차량 유지비연비, 수리비 포함로 지출한다. 여기에 사고, 보험, 벌금도 붙는다. 사람마다 차이가 있겠지만, 이 속도는 보통 한 사람의 도보 속도와 같다. 자동차는 우리의 발을 발판이나 밟아야 할 도구로 평가 절하했다. 일리치의 결론은 다음과 같다. '기술은 인간에게 굴욕을 선사했다.' 왜냐하면 기술은 인간을 마이너스 가치로 만들기 때문이다. 일리치의 분석은 매우 중요하고도 근본적인 분석이다.

기술 체계에 대한 의존도를 줄여야 한다. 이를 위해, 연료와 연계된 중장비나 기계와 같은 하부구조에 의존하지 않고도 더 빨리 갈 수 있는 도구들자전거처럼이 존재한다. 연료 의존은 걸프전, 미 제국주의에 대한 의존이다. 요컨대 모든 체계는 이러한 소비 방식과 얽힌다. 자율성 사회를 창조하기 위해, 우리는 다양한 기법들을 강화해야 한다. 이반 일리치는 이 기법들을 "공생공락"이라 불렀다. 이러한 주장 때문에, 가끔 우리는 시대 역주행이라는 비난도 듣는다. 실제로, 어떤 면에서 우리는 시대에 역행한다. 리카르도 페트렐라가 탈상업주의, 탈시장화의 의무, 즉 우리 생에서 시장 공간의 축소를 이야기했을 때, 그것은 동시에 노동 분업의 축소, 자율성의 증가, 자가 생산의 발전을 의미한다. 우리의 친구인 마우리치오 팔란테7)의 주장처럼, 더 이상 생산 문제를 쟁점으로 삼을 수 없다. 아마도 혹자는 이러한 주장을 어리석고 불가능한 일로 여길지 모른다. 따라서 타협과 양보의 지점을 찾는 일이 중요하다. 오늘날 기술 종속의 이질화는 일리치가 농담반 진담반으로 말했던 기획인 기술 단식斷食 보다 훨씬 강경한 측면이 있다. 이를 달성하는 방법도 각양각색이다. 예컨대, 어떤 사람은 휴대전화를, 다른 사람은 컴퓨터를, 또 다른 사람은 자동차를 소유한다. 내 동료들 가운데 다소간 근본주의 노선에서 탈성장을 외치는 부류는 아예 텔레비전, 냉장고, 자동차를 거부한다.

기술 연구의 '모라토리엄' 선언

분명한 사실이 있다. 우리는 인간 자체를 파괴하는 기술에 전적으로 의존할 수 없다. 미국은 인간의 개량과 진보를 위해 인종을 바꾸려는 넋 빠진 과학자들을 지원하는 계획안을 마련했다. 인간의 개량을 외치지만, 실제로는 인간의 파괴이다. 따라서 탈성장 기획의 여러 지점들 중 하나는 다음과 같은 아홉 가지 정치 기획이다. 이반 일리치도 동의하는 부분이다. (1) 기술 혁신에 대한 모라토리엄을 선언하고, (2) 확고한 균형을 구축하며, (3) 새로운 열망에 따라 과학기술 연구의 방향을 설정한다. (4) 프랑스처럼 원자력 에너지에 돈을 쏟아붓지 말아야 하고, (5) 재생 에너지에 대한 분명한 연구개발로 선회해야 한다. 또한 (6) 비만 유전자가 있다고 생각하는 생물발생론에 집중하지 말고, (7) 환경 의료를 촉진해야 한다. 물론 앞으로도 비만은 계속 나온다. 그러나 그 문제는 환경 파괴우리가 돌봐야 할에 관련된 요소들의 결합에 달렸다. (8) 살충제와 다른 약품들에 저항할 수 있는 인간으로 개량하는 기술 개발에 집중하기보다 (9) 환경을 돌보는 편이 더 낫다.

이러한 입장으로 탈성장 운동가들은 반과학, 반기술 노선에 섰다는 비난을 들었다. 사실 우리는 과학과 기술에 반대하지 않는다. 오히려 과학, 기술, 자본, 자본주의, 다국적 기업, 몬산토, 노바티스의 독재에 반대하며, 인류의 자멸에 반대한다. 언젠가 전자 우편 한 통을 받은 적이 있다. 이 편지에는 수십억 마리의 꿀벌이 죽었다는 정보가 담겨 있었다. 아인

슈타인은 꿀벌이 모두 죽으면, 인류의 생존 시간은 단 4년뿐이라고 말했다. 아마도 우리는 그 지점에 이를지도 모른다. 현재 프랑스에는 환경 파괴로 고발된 다국적 기업들에 대한 재판이 허다하다. 물론 이들은 무한정 재판을 해도 별 상관없을 것이다. 재판 비용이 넉넉하니 말이다. 바이엘의 사례를 들어보자. 독일의 제약회사 바이엘은 베트남전에서 사용된 몬산토와 같은 금지 약품을 이미 2차 대전 때부터 사용했다. 실로 금지 약품 사용의 장구한 역사라 하겠다. 물론 이 회사에 소속된 사람들 전부를 범죄자로 보겠다는 말은 아니다. 다만 기업의 범죄라는 점은 명확히 짚어두자. 사용 결과가 범죄로 판명되었기 때문이다. 바이엘은 프랑스의 꿀벌 50%를 죽음으로 몰아간 두 종류의 농약을 시판했다. 입증된 사실이며, 사회 참여의 신념을 가진 사람들도 이 사실을 알게 되었다. 내가 받은 전자 우편은 미국의 상황에 대해서도 전했다. 미국에서 꿀벌들은 또 다른 이유로 죽어가는 상황이다. 일각에서는 그 이유로 전자기파를 거론한다.

이 모든 양식에서 확실하게 해 둬야 할 부분이 있다. 우리의 쟁점은 과학이나 기술에 대한 반대가 아니다. 오히려 시민들에게 봉사할 수 있는 대체 과학의 발전이 중요하다. 다만, 현 과학은 경제 이익의 손아귀에 잡혀 있을 정도로 매우 심각한 상태이다.[8] 시민들은 목적에 따른 과학 연구가 필요하다고 말한다. 기술에 관한 담론 역시 마찬가지이다. 소비와 환경 파괴를 줄이며, 친환경 기술들을 개발해야 한다. 이러한 이유로, 경제학자이자 환경운동가, 탈성장과 자율성 사상의 선구자 중 하나인 게오르게스쿠뢰겐GeorgescuRoegen [9]은 한계선 고정의 필요를 역설했다.

한계의 문제

성장 사회의 큰 문제는 한계의 의미를 파괴한 데 있다. 어떠한 인간 사회도 경계선을 설정하지 않고는 생존할 수 없다. 비 종교사회 내부에서 이 한계들을 어떻게 추적할 수 있는가? 문화 독재의 틀을 벗어나려면, 지식의 무제한 팽창을 통제해야 한다. 나는 몇 가지 원칙을 발판으로 한계를 정하는 정도면 충분하다고 생각한다. 첫째, 무제한, 무차별 팽창을 막아야 한다. 경제는 인간의 삶에 목적이 아닌 도구가 되어야 한다. 둘째, 지식의 자유로운 팽창 대신 합리적인 것,

그리스어 '프로네시스' 실천지가 지시하는 것처럼, 지혜의 방향을 따라야 한다. 따라서 한계의 필요성에 관한 내 제안은 '자율성'과 '불가피한 타율성'의 결합을 구현하는 일에 해당한다.

　민주주의의 기획을 기본 방향으로 설정한 자율 정치 사회를 구상해야 한다. 이 부분은 매우 중요하다. 장자크 루소가 이론으로 다듬었던 이 생각은 다양한 문제를 제기할 수 있다. 왜냐하면 초월성에 예속되었던 전통 사회들과 분리하며, 이 사회를 포함했던 외부 한계들을 상실했기 때문이다. 자기 제한이 필요한 사회의 구현은 매우 중요한 문제이다. 민주주의 기획은 곧 평등의 기획이기 때문이다. 그러나 평등은 모순이다. 완벽한 평등은 불가능하다. 어떤 사람은 더 아름답고, 다른 사람은 더 탁월한 지성을, 또 다른 사람은 더 강력한 힘을 지녔기 때문이다. 이러한 불가능성을 이탈할 수 있는 유일한 수단은 자유방임주의의 인정이었다. 그리고 그 과정은 타율성을 재창조하는 보이지 않는 손과 성장의 망상이라는 두 가지 방편을 통해 이뤄졌다. 보이지 않는 손이 우리의 가난과 연금 70만원을 결정했다면, 우리는 특정인을 향해 분노

할 수 없을 것이다. 즉, 경쟁, 시장 법칙, 기계장치의 신*deus ex machina*으로 누구도 비난할 수 없도록 한다. 이탈리아와 프랑스의 유권자들은 희생자 양산으로 이어질 경제의 거대 기계를 대리하는 후보들에게 표를 던졌다. 이탈리아의 베를루스코니, 프랑스의 사르코지가 그들이다. 희생자들은 진짜 비난의 화살을 맞아야 할 대상은 시장 법칙, 즉 보이지 않는 손이므로 다국적 기업들을 비난할 필요가 없다고 확신한다.

이러한 사회의 작동을 가능케 하는 두 번째 요소는 성장의 기적이다. 그 이유는 이 사회가 미래를 향해 항상 자기 꿈을 투사하기 때문이다. 오늘 우리가 처한 상황은 장밋빛이 아니다. '지금 우리는 최신 기계, 최신 모델을 가질 수 없지만, 내일은 지금보다 더 성장할 것이고, 우리는 부자가 될 것이다.' 사실 근대 사회 초기부터 이러한 신화가 작동했다. 애덤 스미스를 다시 읽는 정도면 충분히 확인할 수 있는 내용이다. 데이비드 리카르도의 관찰에 따르면, 중세 시대 영주들을 위해 만든 사치품은 오늘날 모든 사람, 심지어 가난한 사람들까지도 소유 가능한 물건이 되었다. 이것은 기적이다. 지금은 모든 것을 갖지 못하지만, 내일이면 다 가질 수 있을 것이다. 이런 식의 성장은 지구의 파괴를 부를 뿐이다. 그리고 우리는 더 이상 이러한 신화에 얽매일 필요가 없다. 우리는 완전한 평등이 불가능하다는 사실을 안다. 그럼에도, 진정한 민주 사회가 작동할 방법을 계속 강구해야 한다. 이는 19세기 프랑스의 대사회학자 알렉시스 드 토크빌이 고심했던 주제이기도 하다. 미국의 민주주의를 연구한 이후, 토크빌은 오직 종교만이 민주주의 작동을 가능케 하리라는 결론에 도달했다. 종교는 불가피한 상황에서 나타나는 차이를 견딜 수 있는 타율성을 만들기 때문이다. 그러나 우리는 현대 사회에 종교를 도입할 수 없다. 따라서 다른 것을 찾아야 한다. 예컨대, 약속언약이나 한계선 고정절제처럼 종교에서 회자된 내용들을 [재]발굴해야 한다. 이러한 관점에서, 우리는 자기 초월auto-trascendenza을 이야기한다. 자기 초월이 제대로 작동하기 위해, 우리는 사회 자체 밖에 있는 근본 법칙으로서의 '인간다운 사회'를 항상 염두에 둬야 한다. 따라서 차이를 견디는 타율성을 자기 창조적 타율성una eteronomia auto-creata으로 수용하는 일이 중요하다. 나는 이 문제를 계속 연구해 왔다. 다만, 아직 모든 문제를 해결한 것은 아니다. 그럼에도 나는 자기 창조적 타율성이 근대성의 절대 격언을 벗어나기 위해 꼭 취해야 할 방향을 대표하는 개념이라 생각한다. 지난 몇 년 동안, 나는 급진 민주주의를 외쳤던 내 친구 코르넬리우스 카스토리아디스의 사상에 동조했다. 그러나 카스토리아디스의 급진 민주주의에 대해 클로드 르포르는 강하게 반발했다. 투명 사회 자체가 전체주의 사회가 될 수 있다는 우려 때문이다. 안타까운 일이지만, 나는 르포르가 옳다고 생각한다. 그렇다면, 전체주의 사회가 아닌 민주주의 사회를 어떻게 구성할 수 있는가? 윤리와 연관된 초월성을 고려할 때라야 그 가능성이 열린다. 따라서 타자와의 만남이 윤리의 위상을 규정한다. 바로 에마뉘엘 레비나스[10]가 새겼던 윤리의 노선이다. 우리가 고찰하고 체험해야 할 영역이다. 나는 네 가지 가능성을 발전시켰다. 그 가능성들을 토대로, 논의를 더 밀고 나가보자.

첫 번째 가능성은 고대 민주주의에서 활용된 방식이다. 그 것은 추첨을 통해 나온 결과에 대해, 누구도 이견을 내거나 비난할 수 없는 방식이다. 예컨대, 영토 공분共分의 문제에서 각 사람에게 일부분이 돌아가지만, 완전한 평등 분할은 불가능하다. 추첨을 거친 이상, 누구도 자기 이웃이 속임수를 썼다고 왈가왈부할 수 없다. 권력의 집행과 관련해, 현재도 우리는 동일하게 작동하는 제도를 가졌다. 이와 동시에 타인들을 판결하기 위해 배치된 사법 배심원 제도도 있다. 추첨으로 구성된 대중 사법관들이며, 그 방식은 사회 파괴의 욕구를 제한할 수 있는 사회적 요소를 조정, 관리한다.

두 번째 가능성은 각자에게 기본권을 부여하는 것이다. 각자가 정체성에 상응하는 평등한 계약 사회에서의 삶은 돌이킬 수 없는 문제들을 만든다. 거꾸로, 모두가 서로 다른 법칙을 갖는다면, 우리는 언제나 증오심에 사로잡혀 비교, 대조에 갇히는 체계를 갖게 될 것이다. 따라서 우리는 사람들 간의 비교는 불가능하다고 확신해야 한다. 아프리카인들은 이러한 측면을 제대로 조정, 통제하는 법을 안다. 왜냐하면 내가 다른 책에서 설명했던 것처럼, 아프리카 전통 사회에서는 각자가 자신의 몫을 갖기 때문이다. 이것은 또 한 명의 탈성장 선구자인 존 듀이와 같은 유명 철학자의 생각이기도 하다. 듀이가 시민 의식론양심에 따른 불복종을 발전시켰고 수 년 동안 숲에서 살았던 헨리 데이비드 소로의 제자였다는 사실은 결코 우연이 아니다. 다만, 소로와 듀이는 기층 민주주의를 생각하지 않았다. 오히려 두 사람은 귀족제 민주주의처럼 결국 모든 사람이 왕이 되는 민주주의를 생각했다.

또 다른 가능성은 '우정filia'의 도입이다. 다시 말해, 아리스토텔레스 사상에서 민주주의에 꼭 필요한 요소인 '증여'의 정신이다. 우리는 서로 얽히고설킨다. 즉, 시민들은 계산의 정신이 아닌 증여의 정신으로 서로 결합한다. "공생공락"을 이론으로 다듬은 이반 일리치도 동일한 내용을 말하려 한다. 치타 디 카스텔로[11)]처럼 소규모 사회, 지역 단위의 사회에서 작동 가능한 태도이지만, 세계 차원에서 더욱 중요한 문제로 설정해야 할 태도이기도 하다.

마지막 요소는 지역주의이다. 다시 말해, 민주주의를 구현하고 지역에 탈성장 사회를 구축해야 한다. 나는 이것을 본문의 두 번째 소제목 "지역의 구체적인 유토피아로서의 탈성장"으로 삼아 설명하려 한다.

지역의 구체적인 유토피아로서의 탈성장

지역주의를 논할 때마다, 우리는 지역의 폐쇄성과 시대에

뒤 떨어질지 모른다는 두려움을 느낀다. 또한 인류를 동굴 시대로 되돌리려 한다는 비난을 염려하기도 한다. 물론 탈성장의 지역주의는 그러한 기획이 아니다. 우리는 여전히 위험한 상황에 있다고 생각한다. 왜냐하면 이반 일리치의 주장 이후에, 우리는 자체 생산이나 우정에 기초한 탈성장 기획을 통해 의복과 기계의 생산 구역 혹은 마을 단위의 소규모 작업장을 창출할 것을 권했고, 이를 건설할 수 있는 경제의 자율성경제 자치에 도달할 것을 외쳤기 때문이다. 최선의 의도를 담았지만, 인간이 모여 사는 사회에서 위험 요소나 부정 요소를 완벽히 피하기란 불가능하다. 나는 지역생태민주주의를 폐쇄된 실체로 여기는 일을 피하기 어렵다고 생각한다. 그럼에도, 나는 탈성장이 생태운동가들의 옛 구호인 "세계적으로 사고하고, 지역적으로 행동하라pensare globalmente, agire localmente"12)를 재현할 수 있다고 확신한다. 탈성장은 지구 차원의 기획이다. 그러나 지구 차원의 실현을 위한 출발점은 바로 지역이다. 우리는 포괄적으로 탈성장 사회를 사유해야 하지만, 행동해야 할 자리는 바로 지역이다. 이 구호는 두 가지 면을 포함한다. 첫째, 지역 차원의 생태민주주의를 창조해야 한다. 둘째, 지역 경제의 자율성을 재발견회복해야 한다.

지역생태민주주의 발명은 2006년 전에 타계한 아나키즘 사상의 대가이자 생태지방자치주의ecomunicipalismo 이론을 발전시킨 머레이 북친13)의 성찰 대상이었다. 북친은 우리의 친구 라이문도 파니카르14)의 용어들을 답습하며 생물지역 bioregione에서 민주주의 사회를 조직하는 문제를 고심했다. 생물지역은 지리, 사회, 역사, 문화의 현실을 동시에 표현하는 일관된 공간의 단위를 말한다. 즉, 사람들이 강한 소속감과 함께 어떤 것을 만들어 가려는 욕망으로 얽힌 곳이다. 마을이 될 수도 있고, 소도시, 고장, 지역이 될 수도 있다. 덧붙여, 오늘날 생물지역의 문제는 더 중요해졌다. 왜냐하면 지방자치주의는 지금까지 직접성을 갖추지 못했던 민주주의를 뛰어 넘어 민중에게 직접 참여의 공간을 확보해주기 때문이다. 즉, 예산 처리와 같은 사안에 민중이 직접 자신의 요구를 전달할 수 있는 참여의 공간을 연다. 머레이 북친은 생태 사회를 자치도시들 중의 자치도시로 조직하는 문제에 골몰했다. 시가지 중의 시가지, 마을들 가운데 시가지, 도회지의 마을을 어떻게 엮어 낼 것인가의 문제였다. 바닥에서부터 사회의 구조들을 [재]조직하려는 사상이야말로 진정한 민주주의의 삶을 구현하는 첫 걸음일 것이다.

이러한 시각에 이르려면, 생활양식의 변화도 꼭 필요하다. 위에서 언급한 여덟 가지의 "R" 중에서, 생활양식의 변화와 관련해 가장 중요한 항목은 바로 '축소'이다. 낭비, 과소비, 생태발자국의 축소가 필요하지만, 무엇보다 노동 시간의 감축이 이뤄져야 한다. 시민의 자치 활동을 이루려면, 그만큼 많은 휴식처가 필요하고, 토론에 집중할 수 있는 시간도 확보되어야 하기 때문이다. 사람들이 치타 디 카스텔로에 소각장이나 쓰레기 매립장 건립을 바라는지, 주차장이나 어린이 공원 건설을 바라는지, 화력 발전소 건축을 원하는지 원자력 발전소 건축을 원하는지, 지붕에 태양 전지판을 배치하고 싶은지, 풍향계 개량을 원하는지, 이 모든 것을 제대로 파악하려면 상당한 시간이 필요하다.

지역은 정치적으로도 매우 중요하다. 그것은 세계 차원에서 직접 민주주의의 작동은 불가능한 일이기 때문이다. 도리어 우리의 일상생활과 직결된 무수한 선택을 완성 단계까지 올리려면, 지역의 정치 역량이 필요하다. 지역 차원에서는 해당 정책의 중요성을 누구나 이해할 수 있다. 시민들은 살충제를 사용할 것인지, 일부 지역에서 실행중인 것처럼 퇴비와 천연 제초제를 사용할 것인지 선호도를 따져 결정해야 한다. 양단을 아우르는 회의에서 제기되는 문제들을 마주한 이상, 해법 마련에 상당한 시간이 필요할 것이다. 옛 사람들이 '오티움otium' 15)이라 불렀던 수준의 시간이 필요하다.

일원화된 보편 세계에 대한 꿈이 왕성했던 시기인 1950년대 중반, 포르투갈의 한 시인은 "보편이란 장벽 없는 곳이다"라는 표현을 만들었다. 당시 사람들은 감옥처럼 보이는 협소한 '지역'에서 탈피해야 한다고 생각했다. 오늘날 지역에 값을 치를 이유도 없어 보인다. 왜냐하면 지금 우리는 인터넷, 텔레비전과 더불어 지구촌에서 살고, 온 세계와 연결되었기 때문이다. 그러나 우리는 지역을 재발견하고, 위 공식을 물구나무 세워야 한다. 다시 말해, 지역을 장벽 없는 보편 세계로 생각할 필요가 있다. 만일, 지역이 더 이상 단일 세계uni-versale가 아니라면, 파니카르의 말처럼 다원 세계pluriversale가 될 것이다. 다원 세계는 단일 세계의 전형이라 할 수 있을 지구 일원화uniformizzazione 16) 작업을 추진하지 않으며, 전체주의로 이 세계를 강제할 의도를 결단코 품지 않는다. 다원 세계에서 필요한 요소는 다양성의 재창조, 자연스럽게 구역과 구역을 나누는 경계선 재설정이다.

그러나 처리해야 할 저항 세력은 여전히 있다. 폐쇄의 위험성을 생각할 때, 우리는 정체성 이상주의라는 형식을 떠올린다. 내가 볼 때, 정체성에 관한 옛 시대의 이해 방식은 오늘날 더 이상 존재하지 않는다. 자기 뿌리를 아는 일은 중요하다. 우리는 정체성과 뿌리를 동시에 택한다. 나는 브르타뉴 사람이며, 프랑스 사람이다. 입양된 이탈리아인이며, 아프리카인의 피도 약간 흐른다. 동시에 나는 세계 시민이며, 유럽인이다. 브르타뉴 사람들은 보통 켈트족 계통 사람들이지만, 내 문화는 라틴, 지중해 문화이다. 우리는 다양성을 바탕으로 행동할 수 있다. 우리 모두는 복수다원 정체성을 갖는다. 따라서 우리는 설령 벨기에나 타지에서 태어났어도 같은 지역에서 살기로 선택한 친구, 자신의 뿌리를 발견한 친구와 함께 지역 민주주의를 구현할 수 있다. 뿌리는 본성을 보여주는 실재도 아니고, 어떤 것을 규정하는 실재도 아니다.17)

경제의 재지역화

무엇보다 지역 경제의 자율성자치 회복이 중요하다. 재지역화 운동은 일정 수준의 식량 자급자족을 가능케 한다. 우리의 강조점은 자주권이 아닌, 오늘날 터무니없이 혼란스럽기만 한 거래의 축소에 있다. 유명하고 흥미로운 사례를 하나 들겠다. 온실에서 재배한 네덜란드산 토마토를 스페인으로 운송하는 트럭이 있고, 스페인 국가 번호판을 달고 네덜란드로 토마토를 운송하는 트럭 일곱 대가 있었다. 하루는 토마토를 적재한 트럭 두 대가 충돌했고, 그 충돌로 유럽산 토마토소스가 만들어졌다.

이런 식의 사례는 셀 수 없이 많다. 덴마크산 새우는 모로코에서 세척을 마친 후, 세계 시판을 위해 덴마크로 되돌아온다. 스코틀랜드산 가재는 적절한 기계를 활용해 현지 조달되었지만, 이후 미국의 연금 기금이 공장을 매입한다. 공장주는 현지 공장을 폐쇄하는 쪽이 몇 푼이라도 이익이라고 판단해, 공장의 태국 이전을 추진한다. 태국에서는 기계 설비 없이 수작업이 가능하다. 결국 스코틀랜드에서 잡은 가재가 태국에서 포장되어 스코틀랜드로 되돌아와 상점들에서 판매

된다.[18] 핀두스[19] 같은 기업을 생각해 보라. 나는 관련 기업의 이름을 적시하고 싶다. 이처럼 매일 4천대 이상의 물류 수송 트럭들이 피레네 산맥을 넘나들며, 몽블랑 터널[20] 사고와 같은 대형 사고를 내기도 한다. 한 트럭은 이탈리아의 산 펠레그리노에서 물을 적재해 프랑스로 향하고, 다른 한 트럭은 프랑스의 에비앙에서 물을 적재해 이탈리아로 향한다. 두 트럭 모두 이 터널을 통과한다. 오늘날 경제 이성은 사실상 치매 상태이다. 그렇기 때문에 우리에게는 반드시 재지역화[21]가 필요하다.

유사한 과정으로, 우리는 일정 정도의 에너지 자율성에 도달할 수 있다. 원유의 고갈과 맞물려, 여전히 현 수준의 전기 사용과 컴퓨터 작동을 원한다면, 에너지 자율성 확보가 점차 중요한 문제가 될 것이다. 왜냐하면 화력 발전소의 작동 불가 및 더 이상 전기 사용의 불가를 기대하기보다 지붕에 태양열 판을 설치하는 편이 더 안전할 것이기 때문이다. 이 방법 외에 더 이상 전기는 없을지 모른다.[22] 또한 지역 특색에 맞는 재생 에너지의 사용[률]을 늘려야 한다. 예컨대 현재 대규모 풍력 발전 단지를 건설 중인 프랑스의 경우에 이러한 시도는 무의미하다. 풍력 에너지는 운송을 거쳐 타지에서 사용하기보다 현장에서 바로 사용하는 편이 더 낫다. 운송 도중에 거의 다 분산되기 때문이다.

근접 교역의 재활성화가 필요하다. 알다시피, 대형 슈퍼마켓 하나가 만드는 일자리가 소규모 상점 다섯 개의 일자리를 파괴한다. 시 당국의 허가 없이 대형 마켓의 건설은 불가능하다. 따라서 지역 민주주의를 확보한다면, 우리는 선택권을 행사할 수 있다. 근접 교역을 파괴하며 소상인들을 실직자로 만들 수 있고, 대형 슈퍼마켓을 세울 수도 있다. 이 슈퍼마켓에 접근하기 용이하도록 고속도로를 닦고, 자유롭게 일하던 사람들을 대형 소매상의 사슬에 엮인 노예들로 바꿀 수도 있다. 대도시 칸Cannes 인근의 주변부 도시가 될 위기에 처한 프랑스 남부의 인구 만 명 도시의 시장은 지역 조직의 재창조를 결정해 이 위기에 맞서려 했다. 시장은 폐쇄된 기차역을 재개하기 위해 역량을 총동원했고, 지금은 마을에 기차가 되돌아왔다. 시장은 마지막 농촌 지역을 보존하려 행동했고, 대형 슈퍼마켓의 입점에 반대했다. 오히려 시장은 공동체23) 에서 상점을 인수해 줄 것과 주민들이 직접 경영해 달라고 요구했다. 빵집이 없는 관계로, 코뮌에서 빵집을 세웠다. 코뮌은 물 소유권을 다시 가져왔고, 그러한 조치를 매우 자랑스러워했다. 아마도 세계에서 유일하게 단 1,300원에 장례를 치를 수 있는 지역일 것이다. 코뮌은 자전거 도로를 구축했고, 부동산 투기로 파괴된 지역을 바꿔나갔다. 내가 현장에서 확인해 본 결과, 이 지역은 자기 정체성을 회복했다. 그러나 현실의 의미를 부여하는 문제는 단순히 물적 구조들의 변혁만으로는 불충분하다. 상상력의 변화도 반드시 필요하다. 따라서 이 코뮌은 문학 축제를 열었고, 이후 그것은 프랑스 전국에서 알 정도의 유명한 축제로 발돋움했다.

지역 화폐도 재고와 개발이 필요한 부분이다. 유로화 창설에 참여했던 브뤼셀의 한 전문가는 다국적 화폐의 구조에서 지역 화폐를 재활성화 하겠다는 생각은 알코올 중독자를 치료하기 위해 독주를 사용하는 것과 같은 말이라고 꼬집었다. 이러한 관점에 대해, 아르헨티나의 경험에 대한 연구는 사뭇 흥미로운 교훈을 줄 수 있을 것이다. '페소'화의 급락 이후, 아르헨티나의 여러 지역에서 주민 주도로 개발, 관리된 통화 자금은 '신용 대부' 체계를 구축했다. 또한 이 체계를 통한 공생공락 활동은 지역의 생존과 회복을 일굴 수 있었다. 국가 체제의 회복 이후에도, 제한된 범위에서 이 신용 체계는 계속 작동했다. 탈성장의 방향으로 나아가려했던 다양한 경험들이 도처에 있다. 문제는 이러한 경험들을 발전시키고, 서로 결합하는 일이다. 나는 공동 연대 구매 집단, 타임 뱅크24), 유전자 변형 생물GMO을 거부하는 지자체를 염두에 둔다. 내 집은 피레네 산맥의 소규모 코뮌에 있다. 이 코뮌의 주민들이 시청의 과반수를 바꾼 최초의 결정 사항은 지역의 물을 관리해왔던 다국적 기업의 퇴출이었다. 기업들의 위협과 소송이 있었지만, 결국 우리가 승리했다. 지레 겁먹고 승리의 불가능을 멋대로 예단하는 것이 문제이다. 거꾸로, 힘든 투쟁이 있더라도 승리의 가능성은 언제나 존재한다. 핵심은 승리한다는 믿음이다. 다시 말해, 탈성장은 가능하며, 그것을 구현하기 시작했다는 것을 확고하게 믿는 일이 중요하다.

상상계의 탈식민화25)

탈성장의 주요 도전은 우리의 상상계를 탈식민화하는 데 있다. 성장 사회의 힘은 우리의 소유를 불만족스럽게 한다.

광고와 마찬가지로, 그 힘은 사회의 모든 작동 방식을 동원해 우리가 소유하지 않은 것에 욕망을 품게 한다. 광고는 현 경제 체제의 작동 논리에 반드시 필요한 구조이다. 페트렐라의 기록에 따르면, 군비 예산은 연간 1,200조원을 상회한다. 반면, 광고 예산은 연간 560조원에 달한다. 광고는 군사 무기보다 더 해로운 요소가 될 공산이 크다. 왜냐하면 무기는 필요치 않을 수도 있고, 많은 경우 상대와 자기를 동시에 파괴할 수 있지만, 광고는 우리의 두뇌를 파괴하기 때문이다. 다시 말해, 시청각 매체를 비롯해, 정신, 지성, 영성을 오염시키는 전자기기에다 무려 560조원을 쏟아 붓는 셈이다. 우리는 성장 사회의 약물에 중독되었다. 우리가 직시해야 할 도전은 약물 중독으로 인한 파괴이다. 이 중독을 구성하는 두 가지 성분은 신용가난한 사람들을 포함해 모든 미국인들은 채무자들이다과 계획적 진부화대부분 정상 작동하지만, 일부 결함으로 단기간만 사용하고 버리는 물품이다. 더 이상 사용하지 않는 컴퓨터를 적재한 800대의 선박이 나이지리아를 오염시키기 위해 매일 미국을 떠난다!

새로운 상상력을 구현하기 위해, 나는 전통 사회에서 매우 중요한 자리를 차지했고 오늘날 우리 삶에서 지워진 하나의 부분이 회복되어야 한다고 생각한다. 바로 시詩이다. 오늘날 더 이상 시를 접할 수 있는 공간이 없으며, 시작詩作의 의미도 사라졌다. 가끔 시류에 역행하는 바보들이 시를 쓰곤 하지만, 누구도 그것을 읽지 않는다. 시를 짓고 출간하는 일은 미친 짓처럼 보인다. 나는 예술가들과 시인들의 역할이야말로 "증여"라는 말에 의미를 재부여할 수 있다고 생각한다. 물론 이들 중에는 자기 창작물을 판매하는 자도 있을 것이며, 체계에 더 악영향을 미치는 자도 있을 것이다. 그러나 기본적으로 이들은 기존에 받았던 자신의 선물을 사회에 무상으로 되돌려준다. 파바로티와 같은 예술가가 돈이 아닌 본인과 우리의 기쁨을 위해 노래할 때, 그는 자신이 받았던 선물을 모두에게 되돌려주는 일을 한다. 리카르도 페트렐라는 이를 탈시장화의 형식들 중 하나라고 말했다. 예술가들, 시인들은 무상 증여의 전문가들이다. 이들은 새로운 상상력을 창조해야 한다. 문화를 창조하는 사람들이기 때문이다. 그러나 애석하게도 교수로 보낸 내 생애 전반을 되돌아보면, 나는 경제학자였다. 경제학자는 시인과 정반대의 자리에 있었다.

나는 1964년에 전문가 자격으로 자유주의가 아닌 사회주의를 통한 발전을 희구하며 아프리카로 떠났다. 거기서 경제학과 중앙 주도 계획 경제를 가르쳤다. 내 수강생이었던 아프리카 학생들은 자신들의 고유문화에 대해 이야기했지만, 나는 가난, 빈곤, 미신을 구실로 이를 무시했다. 당시 나는 이들에게 소련식의 계획 경제가 필요하다고 생각했다. 이후, 아시아로 발길을 돌렸다. 이번에 도착한 곳은 라오스였다. 나는 라오스 정부의 국가 회계 업무를 맡았다. 그러나 거기에서 나는 약간 독특한 사회를 발견했다. 라오스의 여러 마을을 둘러보았는데, 이 마을 사람들은 연간 50일 이하로 일하고, 나머지 시간은 계속 축제였다. 민중의 식량을 취해 연명하려 했던 북부의 베트남 공산주의자, 그리고 그들과 별반 다르지 않았던 남부의 미군을 제외하면, 이들은 큰 행복을 누리며 살았다. 따라서 나는 균형 상태의 파괴를 통해 발전이 이뤄졌다는 사실을 깨달았다. 오늘날 그러한 불균형을 낳는 주범 가운데 관광 여행이 있다. 그러나 단지 관광 여행만이 유일한 파괴 수단은 아니다. 중국에서 제조한 상품들도 이러한 불균형을 낳는다. 최근에 나는 끔찍한 상황을 다룬

기사들을 읽었다. 지나온 길을 되돌아보니, 나는 그간 경제, 진보, 발전, 성장에 관해 품었던 믿음을 잃었다는 사실을 알게 되었다. 이후, 10년 동안 나는 경제학의 인식론 작업에 전념했다. 그리고 그 성과물을 서적으로 출간했다.『경제의 발명』*L' invenzion dell' economia*이라는 제목의 책에서, 나는 상상력이 어떻게 경제를 구성하는지, 우리가 어떻게 경제적 인간이 되는지를 기록했다.

그 후에 나는 남반구 세계에 사는 사람들과 남반구 발전의 실패를 경험한 북반구 세계 사람들로 구성된 '발전 비판을 위한 소규모 국제 연대'의 일원이 되었다. 모임의 구성원들은 이반 일리치와 가까운 사람들이었다. 이 모임에 카탈루냐 사람이자 인도 사람인 우리의 친구 라이문도 파니카르도 참여했다. 또 우리는 '아벨레의 모임'에서 이탈리아어로 발간한『발전에 관한 사전』*Dizionario dello sviluppo*이라는 끔찍한 제목의 책도 알게 되었다. 일리치는 이를 "독극물 용어 사전"Dictionary of toxic words이라 불렀다.

따지고 보면 형용 모순에 불과한 "지속 가능한 발전"이라는 표현에 담긴 매력의 뿌리는 "지속 가능성"이라는 표현에 있다. 더불어 "우리" 인류가 지속 가능한 미래를 발견할 수 있을 사회를 갈망한다는 점에서도 그 뿌리를 발견할 수 있다. 나는 현 인류를 강조한다. 왜냐하면 다른 인류는 불가능할 것이기 때문이다. 오히려 나는 현 인류에 속하고, 다른 인류에 대해서는 관심이 없다. 이에 더해, 나는 "사이버" 사회나 "트랜스휴먼" 사회라는 미래 사회의 기획에도 열광하지 않는다. 오히려 그러한 사회의 도래 이전에 죽음을 맞는 일이 행복일지도 모른다.

여정을 마무리하며, 나는 지난 40년 동안 황량한 사막에서 고독한 설교자로 살았던 이 소규모 국제 연대 회의의 일원이었다고 이야기하고 싶다. 우리는 여러권의 책을 썼고, 여러 강연을 열었으며, 개발을 비판했다. 이 모임들 및 강연에서 다뤘던 주제들에서 다소간 성장 비판, 탈성장과 자율성 사회 기획의 요소들이 나왔다. 이 내용들을 정리할 수 있을 용어가 부족해 못내 아쉽다. 2002년에 나는 '지평선La ligne d' horizon' 이라는 소규모 협회의 회장이 되었다. 이 협회는 30년 전에 타계한 프랑스의 지식인 프랑수아 파르탕26)의 친구들이 주축이 되어 결성되었다. 내가 속한 이 협회의 회원은 총 50

명이었고, 그 이상을 넘지 않았다. 우리는 대규모 학회 개최를 결정했고, 유네스코와 협력해 3일 동안 700여명의 참가자들이 가운데 이탈리아 학자들도 있었다과 더불어 학회를 진행했다. 아마도 이반 일리치의 마지막 대중 강연도 바로 이 학회였을 것이다. 학회 3개월 후에 그는 숨을 거뒀기 때문이다. 그는 깊은 인상을 받았고, 매우 놀라워했다. 지금껏 이와 유사한 학회를 본 일이 없으며, 이런 현상을 직접 목도하리라 생각지 못했기 때문이다. 지난 세월, 자신이 꾸준히 변호했으나 널리 인정받지 못했던 생각에 대한 지지의 순간이자, 성공의 순간이다. 우리는 거두절미하고 '탈성장'을 외쳤다. 탈성장 운동이 시작된 순간이다. 탈성장 운동과 사상은 '수십 년 동안 조용하게 진행되었던 사상 제작 작업'과 '제3세계의 소멸을 부른 베를린 장벽 붕괴에 따른 세계사적 특수 상황'의 만남이었다. 제3세계가 더 이상 존재하지 않는다면, 제2세계도 더 이상 존재하지 않을 것이다. 오로지 단일 사상이 지배하는 단일 세계만 존재할 것이다. 이제 우리는 더 이상 개발발전 경제를 이야기할 수 없다. 오직 시장 경제만 이야기해야 한다.

발전/개발은 치명적인 뇌사 상태에 빠진 것처럼 보이지

만, "지속 가능한"이라는 형용사와 더불어 부활했다. 왜냐하면 그 당시 세계는 환경 위기에 봉착했고, 이 문제에 정면으로 맞서 답을 내 놓아야 하는 이중고에 봉착했기 때문이다. 성장, 발전, 경제 모델을 포기하지 않도록, 이데올로기들은 "지속 가능한 성장"이라는 용어를 고안했다. 상황 변혁보다 용어 고안이 더 쉬운 작업이다. 최소한 생각이 있는 사람들은 정도의 차이만 있을 뿐, 개발이 지속 가능하지 않다는 사실을 안다. 또한 경제 개발이 우리를 이 지경에 이르게 했다는 것도 안다. 우리의 노선을 바꿔야 하고, "개발주의"에서 벗어나야 하며, 민생의 기본 터전인 '사회'를 재건하고, 보이지 않는 손의 타율성에서 탈출하기 위해 경제를 '사회' 내부에 재통합해야 한다. 모두가 다 아는 사실이다. 모두가 호평한 "지속 가능한 발전"이라는 용어 때문에 오히려 문제가 간단히 풀렸다. 오늘날 지속 가능한 성장을 지지하는 가장 큰 규모의 로비 집단은 "세계지속가능발전기업협의회"World Business Council for Sustainable Developpment이다. 지구에 가장 많은 공해를 배출하는 기업들로 몬산토, 노바티스, 네슬레 등이 있다. 사람들은 이 기업들을 지속 가능한 발전의 투사로 여긴다. 그러나 내 눈에는 이들 기업이 제 기능을 수행하지 못하는 부분이 분명하게 보인다.

우리는 약물 중독자들이다. 약물 문제에는 이중 측면이 있다. 즉, 약물 중독자와 약물 사용자가 있다. 후자는 다국적 기업들에 해당한다. 그러나 전자는 체계의 복잡성과 맞물린다. 왜냐하면 약물 중독자는 그 공급원과 계속 동행하려 하고, 또 다른 중독을 낳으며, 의료 진단서를 따르지 않고 약물을 소비하려는 경향을 보이기 때문이다. 그렇다면, 치료의 시작과 탈성장 노선에 관한 교육을 누가 맡을 수 있는가? 지식인의 담론은 물론 중요할 것이다. 그러나 그것은 우리 사고의 극히 일부분을 차지할 뿐이다. 더 나은 세상을 향한 열망은 사태 변화만으로는 불충분하다. 기후 변화, 원유 고갈, 동식물 종의 소멸, 꿀벌의 멸종처럼 온 인류의 생존에 큰 위협이 되는 상황에서 이 열망이 필연성과 결합할 때, 결정적인 차이를 만들 수 있을 것이다. 이것은 과거 마르크스주의자들의 논의처럼 계급의 이익에 따라 권력의 역학 관계를 창출해야 할 문제가 아닐 것이다. 왜냐하면 지구를 구하는 일은 특정인과 특정 계급에게 해당하는 문제가 아닌 모두와 관련된 문제이기 때문이다. 모두에게 관련되었다는 말은 각자가 자기만의 틀을 갖고, 고요한 삶을 지속할 수 있는 상태를 뜻한다. 따라서 그것은 일종의 종교적 회심과 같다. 달리 말해, 각종 집단의 강령과 교조보다 자신의 주체적 신념에 따른 삶에서 출발해야 한다.27) 덧붙여, 대중들의 변화로 세상이 어떻게 바뀔 수 있는지를 보여준 사례들은 역사에 수없이 많다. 우리는 경험을 통해 그것을 안다.

그렇기 때문에, 나는 현재 우리가 도박판에 주사위를 던졌다고 단언한다. 다른 도박들과 마찬가지로, 이 도박도 결과를 확신할 수 없다. 그러나 과감한 내기를 감행할만한 가치는 충분하다. 인류가 집단 자멸이 아닌 생태민주주의라는 더 합리적인 길을 선택하는 것이 이 도박의 성패를 좌우할 것이다.

3장. 새 문명의 여명

엔리케 두셀

성장 이탈uscita dalla crescita의 문제는 근대성 500년의 과정일 뿐만 아니라 지난 만년 이상의 역사 과정에 종지부를 찍는 '새 문명의 시작'이라는 말로 공식화할 수 있다. 나는 필연은 아니지만 자연과의 갈등 관계에서 벌어진 이 파괴 과정에 관한 역사를 서술하려 한다. 왜냐하면 인간은 그 시작부터 자연을 파괴했으며, 인간의 발전은 이러한 파괴를 통해서 이뤄졌기 때문이다. 따라서 태곳적부터 이러한 위기가 있었다는 사실을 알아야 한다. 1972년 북아메리카의 연구자들은 유명한 『성장의 한계』*The Limit To Growth* 1)를 작성했다. 이 책은 그간 인류가 무한하다고 여겼던 지구의 자원들이 사실 무한하지 않다는 사실을 인류사 최초로 밝혔다. 인류는 지금부터 35년 전인 1972년에서야 비로소 한계를 인지하기 시작했고, 지구는 유한하며 인류가 지구 파멸의 원흉이 될 수 있다는 사실을 깨닫기 시작한 셈이다.[2]

지구의 조직적 파괴는 구석기 시대에서 신석기 시대로의 이행 과정에서 시작되었다. 이 시기에 세계의 일부 지역에서는 도시들이 성장했다. 도시 성장에는 두 가지 혁명이 필요했다. 첫째, 동식물의 지배를 의미하는 농업 혁명이다. 둘째, 동물을 파괴적으로 지배한 목축 혁명이다. 목자들은 인간의 재생산을 위해 소나 말 같은 동물들을 사육하기 시작했다. 그리고 그 이외의 나머지 동물들을 제거하는 비극이 시작되었다.

문명사는 성장의 역사임과 동시에 지구 파괴의 역사이다.[3]

새로운 역사관

역사에 대한 우리의 시각은 완전히 유럽중심이다. 우리는

고대, 중세, 근대를 말하지만, 사실 이러한 시각의 학적 토대
는 없다. 단지 이데올로기와 유럽 중심주의일 뿐이다. 왜냐
하면 실제 인류사는 그러한 시각과 전혀 다르기 때문이다.

　예컨대, 우리는 고대 시대를 이야기하고 그리스와 로마 시
대를 생각한다. 그러나 로마인들은 인도에 가지 않았다. 당
시 인도는 로마와 전혀 다른 곳이었고, 인류의 한 축을 이뤘
던 곳이다. 중국 역시 지중해 세계와 전혀 접촉하지 않았다.
인도와 중국이라는 거대 문명을 고려하지 않고 고대 시대를
언급하는 일 자체가 순전히 이데올로기에 불과하다. 심지어
중세 시대라는 명칭도 불명확하다. 왜냐하면 그것은 고대와
근대를 사이에 두고, 이쪽저쪽을 넘나들 수 있는 말 안장처
럼 거론되는 시대이기 때문이다. 오히려 중세는 봉건주의 시
대이다. 봉건주의는 타 문화권에 존재하지 않았던 유럽 고유
의 현상이다. 이 시기에 이슬람 국가들의 체제는 유럽과 전혀
다른 형태였다. 10세기에 모로코 페스Pes의 인구는 60만 명
이었다. 이슬람 세계는 마그레브4) 북부에서 이집트까지, 몽
골의 대부분 지역에서 카스피해 끝자락까지, 이란, 이라크,
인도 북부의 칼리프 국가들, 인도네시아와 필리핀에 다다랐

다. 한 마디로 요약하면, 이 세계는 태평양에서 대서양을 포괄했다. 15세기 빈오스트리아과 그라나다스페인를 가르는 약 3천km 안에 사는 유럽인은 고작 6천만 명이었던 반면, 아랍 세계는 모로코에서 필리핀까지 펼쳐져 있었다. 보편 세계라면 바로 아랍일 것이며, 다른 세계는 완전히 지역 세계였을 뿐이다. 봉건주의는 순전히 유럽의 현상이었다.

마르크스는 아시아적 생산양식을 말했지만, 정작 그는 아시아를 몰랐다. 아시아적 생산양식은 존재하지 않는다. 중국이 주요 국가로 급부상하고, 인도가 발전의 기지개를 켜는 현 세계에서 벌어지는 일을 제대로 파악하려면, 새로운 역사관이 필요하다.

신석기 혁명

신석기는 예수 그리스도 이전 7,000년 전, 터키 남부와 이라크 북부에서 시작된 혁명이다. 농경, 채소 경작, 목축을 필요로 하는 도시들이 생겼다. 그러나 매우 한정된 지역이었다. 인류의 나머지는 유목 생활을 했고, 최소 경작과 균등 경작으로 생활했다.

메소포타미아 문명 이후, 그리스도 이전 3천년 전에 토지 경작을 가능케 했던 나일 강의 홍수 덕에 이집트 문명이 태동한다. 또 다른 홍수는 인도와 중국의 문명을 탄생시켰다. 아메리카에서는 마야, 아스테카와 함께 멕시코 문명, 잉카 문명이 탄생한다. 역사의 운동은 동쪽에서 서쪽으로 이동한다고 믿었던 헤겔의 생각과 달리, 신석기 역사는 서쪽에서 동쪽으로 이동했다. 헤겔은 페르시아, 그리스, 로마 문명을 따르는 중국은 인류의 유아기를 대표하며, 유럽이 보편사의 중심이자 실현이라고 생각했다.

제1차 신석기 혁명 이후, 그리고 서구의 거대 문명들 이후, 제2차 혁명이 일어났다. 바로 인류사의 결정적인 순간을 대표하는 말과 철의 문명이다. 예수 그리스도 이전 6천년 전, 중국 북부의 고비 지역에서 말이 발견되었다. 말은 기차가 다닐 무렵인 19세기까지 다양한 물품을 수송하는 필수 도구였다. 150년 전까지 말은 지상에서 가장 빠른 운송 수단이었고, 철은 1차 도구였다. 왜냐하면 철은 수 킬로미터를 더 갈 수 있도록 말에게 철구를 부착하고, 말의 입에 필요한 도구를 제작하며, 발굽의 징, 토양을 더 깊게 팔 수 있는 쟁기를 제작하는 데 사용되었기 때문이다. 산소 공급량이 많아졌고, 생산은 증가했으며, 인구는 폭발했다.

철은 무수한 도구들의 제작에 활용되었다. 그러나 동시에 파괴 도구가 되기도 했다. 인류는 농경지를 확보하려 했고, 더 빠른 속도로 나무를 베기 위해 도끼를 사용했다. 철은 도기 제작에 사용되었다. 말과 철의 확산으로 온 대륙에 파괴와 잔혹극이 확대되었다. 아메리카 대륙이 겪은 파괴와 잔혹극보다 정도가 덜했지만, 그러한 확장을 부정할 수 없다. 아메리카 대륙에 말과 철이 도착한 해는 1492년이다. 지리상의 발견scoperta이 낳은 문명의 결과였다.

신석기 제2기에, 새로운 문명이 발생한다. 페르시아 문명이었다. 페르시아 문명은 말과 철로 이룬 첫 번째 문명이었고, 뒤 이어 그리스와 인도에서도 문명이 꽃을 피웠다. 그리고 기원전 2백년 이후, 중국 땅에 비로소 대제국이 건설되었다. 중국 제국들의 역사는 1800년대 말까지 이어진다. 이 시기까지 중국에 제국이 존재했던 이유는 이곳에 산업 혁명이 없었기 때문이다. 심지어 중국은 15세기 중반까지 전함 6백척에 3만 명의 해군력을 보유했음에도, 식민지 개척에 나서지 않았다. 훗날 황제는 비용 부담으로 인해 원정 탐사대의 활동 중단을 결심한다. 심지어 중국은 식민지 체제를 생각하지도 않았다. 왜냐하면 경작지가 넓었고, 인구도 충분했기 때문이다. 육식을 필요로 하지 않는 단백질 식품인 콩, 벼의 재배로 자급자족이 가능했다. 콩과 쌀의 활용은 인구의 폭발적 증가를 도왔다. 중국은 언제나 유럽보다 앞 선 곳이었다. 구텐베르크가 1486년에 활자 인쇄술을 사용하기 훨씬 전인 6세기에 중국은 이미 인쇄술을 발명했다. 중국인들은 6백년에 종이를 발견했고, 9백년에 지폐를 인쇄했다. 유럽의 지폐 사용은 이보다 천년 후의 일이다. 중국은 10세기에 화약을 개발했고, 만리장성 축조에도 사용했다. 우리는 이 점을 기억할 필요가 있다. 서구의 주류 사관과 다른 역사관이 필요하기 때문이다. 이것은 문명의 성장과 발전이 야기한 지구 파괴의 두 번째 단계이다.

세 번째 단계는 셈족의 팽창으로 나타났다. 먼저 유대교가 등장했고, 이후 로마 제국에 기독교가 등장했다. 그러나 무엇보다, 이슬람교의 팽창과 더불어 가속화되었다. 이슬람 세력은 과거 그리스-로마 세계였던 유럽의 동남부 지역을 차지했고, 이후 카스피 해에서 몽골에 이르는 스텝steppe 초지 전역에 퍼졌고, 필리핀까지 진출했다. 우리는 세계사의 셈족화semitizzazzione와 대면한다.

네 번째 단계는 아메리카 '침략' 이다. 아메리카 '발견' 이 아니다. 발견이 아닌 이유는 이미 기원전 4만년 전부터 베링 해협을 건너온 사람들이 이곳에 살았기 때문이다. 오늘날 이를 입증할 수 있는 문서들이 존재한다. 1421~22년에서 중국인들은 매우 구체적으로 남북아메리카 전도를 그렸다. 이 지도에는 대서양과 태평양 연안도 표시되어 있었다. 제노바 출신의 콜럼버스는 아시아의 네 개 반도, 즉 아라비아, 인도, 인도차이나, 중국 남쪽의 반도가 그려진 지도를 확보했다. 이 중국의 남쪽 반도가 바로 남아메리카였다. 콜럼버스는 이 지도를 소유했고, 반도로 그려진 남쪽이 하나의 대륙이라는 사실을 알았다. 그는 대륙을 발견하지 않았다. 이미 알려진 대륙을 확인했을 뿐이다. 중국인들은 수많은 탐험에 나섰고, 1423년에 세계 전도를 그렸다. 중국인들이 제작한 지도는 베네치아를 거쳐 포르투갈과 스페인에 이른다. 스페인과 포르투갈의 위대한 항해자들은 중국인들이 제작한 지도를 바탕으로 항해에 나섰다. 유럽인들이 아직 태평양에 도착하지 않았던 시기인 1507년에, 한 독일인이 로키 산맥, 안데스 산맥, 그린란드의 윤곽을 그린 아메리카 대륙 지도를 제작했다. 술탄 궁이 있었던 이스탄불에는 마젤란보다 16년 앞 선 1513년판 지도가 있었다. 이 지도는 파타고니아 고원과 남극 해안의 여러 섬들이 그려져 있었다. 이는 적어도 30~40여 척의 배가 파타고니아에서 수개월 동안 탐사 작업을 수행했음을 의미한다. 이것은 오늘날 모든 역사학자들이 인정하는 내용이다.

자본주의와 식민주의의 시작

우리가 "아메리카 발견"이라 부르는 사건은 지구 파괴의 중요 대목이다. 이 사건과 함께 자본주의가 시작되었기 때문이다. 유럽의 잉여가치는 자잘한 수준이었지만, 아메리카 발견으로 막대한 부를 축적했다. 한 세기동안 2만 톤에 달하는 은을 확보했고, 중국에서 아랍 세계까지 고대 체제 전체에 통화 가치의 하락을 유발했다. 특히 이 시기의 아랍 세계는 통화량 손실이 없었음에도, 보유 자산 가치의 하락 때문에 가난을 면치 못했다. 통화 가치의 하락은 무슬림 세계의 파멸이자 이슬람 중심의 종말을 뜻했다. 1492년 초에 무슬림들은 비단 길을 통해 중국과 교역을 했고, 카불을 거쳐 인도에 당도했다. 한 마디로 요약하면, 아랍 세계는 구대륙 역사의 중심부였다. 아메리카 발견은 이러한 교역 형태를 사라지게 했다. 포르투갈 사람들이 바닷길을 열어 옛 교역로가 더 이상 필요 없었기 때문이다. 이처럼 아랍 세계는 모든 것을 잃을지 모를 대위기를 맞았다. 아랍인들은 아메리카 대륙과 교역하지 못했고, 이슬람 문명은 쇠퇴일로를 걸었다. 그러나 더 큰 문제가 있다. 사하라 이남의 아프리카에는 금을 보유한 여러 왕국들이 있었다. 그러나 아메리카에 금을 헐값에 팔아넘긴 결과, 이 왕국들도 위기를 맞는다. 아프리카의 자매와 형제들이 붙잡혀 유럽에 노예로 팔렸다. 경기 불황의 직격탄을 맞은 왕국들은 더 이상 사하라를 통해 지중해 연안에 금을 팔 수 없었다. 경기 불황이 결국 노예 매매를 부르고 말았다.

아메리카 발견은 원주민의 옛 문명을 잔혹하게 무너뜨린 학살극이었다. 이 역사에 크게 네 가지 현상이 동시다발로 작용했다. 첫째, 유럽이 아메리카에서 온 부를 축적할 수 있도록 한 장본인인 자본주의이다. 유럽은 2백만 평방킬로미터의 농지를 사용했다. 그러나 아메리카 대륙의 발견으로 졸지에 천만 평방킬로미터의 새 농지를 확보했고, 광활한 영토까지 덤으로 얻었다. 더욱이, 1,500만 명 이상의 원주민 인구를 얻었고, 유럽의 강제 노역에 투입할 노예들을 아메리카 대륙으로 끌어왔다. 이것은 막대한 자본 축적이다.

그러나 자본주의는 식민주의와 직결된다. 두 번째 현상이 식민주의는 사실 근대성의 신제품이다. 가령, 로마도 식민지를 경영했다. 그러나 로마가 경영한 식민지는 제국의 영토 내부 혹은 인접 지역에 있었다. 근대 식민주의의 식민지는 로마의 식민지 운영과 전혀 달랐다. 근대 식민주의 이데올로기의 기원은 바로 유럽 중심주의이다. 세 번째 현상인 유럽 중심주의는 아메리카와의 관계에서 유럽이 차지하는 중요성을 강조하고, 유럽의 역사를 세계사의 중심사로 간주한다. 그러나 이전에는 전혀 존재하지 않았던 현상이다. 1491년 말까지 유럽인은 아랍 세계가 월등하게 발전한 세계라는 사실을 알았고, 그에 비해 자신들의 발전이 뒤쳐졌다는 사실도 알았다. 아메리카에 도착해 부를 축적한 사람들은 유럽에 새로운 의식을 불어넣기 시작했다. 이렇게 해서 태어난 것이 바로 네 번째 현상인 근대성이다. 근대성은 아메리카의 식민화와 당시 유럽보다 발전된 세계였던 아랍의 위기에서 출발한 현상이다.

근대성의 단계들

우리는 근대성을 세 단계로 구분할 수 있다. 첫 단계에 해당하는 시기에는 그렇게 심각한 파괴가 벌어지지 않았다. 이 시기는 생산품을 확보하고 아메리카와 유럽의 교환을 장려했던 상인들의 시기였다. 이 과정에서 아메리카에서 채굴한 은의 대부분이 중국으로 흘러갔다. 중국은 1800년대 말까지 인도와 더불어 세계 재화 생산의 쌍두마차였다. 특히, 도자기와 비단이 중국의 주요 생산품이었다. 러시아, 아프리카, 유럽, 아메리카나 오스트레일리아 지역, 곧 온 세계의 귀족들은 중국산 비단을 사용했다. 거꾸로 유럽은 중국에게 팔 물건이 없었다. 왜냐하면 중국은 이미 모든 재화를 소유했기 때문이다. 중국은 시장에서 아메리카의 은으로만 물건을 살 수 있었다. 이것은 산업 혁명 시기까지 진행된 일이다.

근대성의 두 번째 단계를 대표하는 사건은 바로 산업 혁명이다. 산업 혁명은 성장과 토지 분배로 인해, 유럽의 지정학적 중요도를 완전히 뒤바꾼 혁명이었다. 우리는 이 부분을 주시해야 한다. 무엇보다 1789년에서 1989년, 즉 프랑스 대혁명에서 소련 붕괴에 이르는 2백년 동안 유럽은 세계사의 중심이었다. 그러나 이러한 역사 중심성은 로마 제국과 함께 탄생하지 않고, 아메리카 대륙의 발견과 함께 탄생했다. 중국과 인도가 생산력의 핵심부를 차지하던 시절에 세계의 중심은 유럽이 아니었기 때문이다.

산업 혁명이 영국과 프랑스에서 실현된 이유와 중국의 장강 유역처럼 당시 이 국가들보다 더 발전된 지역에서 이뤄지지 않은 이유를 자문해 봐야 한다. 최근의 여러 연구는 그 이유에 간단하게 답한다. 런던, 파리, 브뤼셀에서 독일 끝단에 이르는 유럽의 삼각지대는 철광석과 석탄 산지였다. 석탄과 철광석은 산업 혁명에 생기를 불어 넣었다. 농민들은 논밭을 포기하고 산업 사회 속에 편입될 수 있었다. 아메리카에서 식료품을 값싸게 들여왔기 때문이다. 산업화의 출발이 가능했던 결정적인 이유는 바로 식민주의였다. 반대로, 중국은 식량 생산의 위기를 겪었고, 산업 세계에서 일하기 시작한 농민들은 논밭으로 되돌아가야 했다. 중국 농민들의 이러한 농지 회귀 현상은 영국보다 중국식민지도 없고, 석탄도 충분치 않았던 에서 실현 가능성이 더 높았던 산업 혁명에 생기를 불어 넣지 못했다.

유럽이 산업 혁명을 실현하고 30~40년이 흐른 뒤, 유럽은 나머지 세계와 현격한 격차를 벌이며 앞질러 나갔다. 이에 헤겔은 1818년 저작 『법철학 강요』에서 유럽만이 유일하고 위대한 문명인 반면, 중국, 인도, 아시아 전역의 사람들은 아직도 동방의 전제군주제를 이야기한다고 썼다. 실로, 오리엔탈리즘이 탄생한 순간이다. 칸트 이후에 헤겔은 유럽의 비상을 목도하면서, 유럽이 이겼다고 생각했던 인물이자, 현재 우리가 교과서에서 배우는 역사를 재 제작한 최초의 인물이다. 자본과 산업 혁명이 성장과 지구 파괴에 대해 무엇을 의미하는 지를 분석하는 작업은 매우 중요하다 자본은 아메리카 은광에서 나온 돈이다. 이것으로 유럽에는 강력한 자본 축적이 나타났다. 돈만 있으면, 원자재, 전문 기술 도구를 구매할 수 있고, 심지어 임금 노동자도 부릴 수 있었다. 원료와 기술을 갖춘 노동은 물건을 생산한다. 그리고 이 생산물은 시장에 다량의 상품으로 팔린다. 우리는 상품을 살 수 있다. 그리고 이윤을 남겨 더 많은 돈을 번다. 마르크스는 이를 '잉여가치'라 불렀다. 나는 21세기에 마르크스 사상이 점차 중요해지리라 생각한다. 덧붙여, 그의 사상은 소련이나 교조주의 마르크스주의자에게 한정되지 않을 것이다. 오히려 내가 한 논문에서 주장했듯이, 마르크스 사상은 우리의 현실을 읽는 새로운 눈이 될 것이다.

나는 기술 혁명이 자본의 조건이 아니라 자본이 기술 혁명의 조건이며, 자본이 유도한 기술 혁명의 산물이 바로 과학 혁명이라고 주장한다. 인식론과 철학은 통상 다음과 같이 말했다. 맨 먼저 비약적인 발견이 등장한다. 그리고 과학의 발견은 바로 기술에 응용되고, 연이어 생산 산업 분야에 대규모 차원으로 사용된다. 그러나 나는 반대라고 생각한다. 자본의 중요성이 맨 앞에 있다. 자본이 기술 혁명을 부르는 생산 과정을 유도했고, 곧 이어 과학 혁명을 불렀다. 나는 섬유 생산을 사례로 들어 내 사고를 더 명확히 밝히겠다.

중국은 전 세계의 귀족들이 사용하는 매우 값비싼 비단을 보유한 나라였다. 비단 옷은 주교들이나 권력자들이 입을 수 있던 고가품이었다. 그러나 섬유 산업의 혁명은 귀족 사회에서 인기를 구가하던 비단마저 굴복시켰다. 사람들은 이제 목화를 재료로 한 의복을 입게 되었다. 우리는 모든 사람에게 제공된 목화 제품 생산 문제를 다뤄야 한다. 이 생산에서, 원료인 목화의 가치는 5%이다. 그리고 제품 생산에 투입된 노동 가치의 비율은 95%이다. 왜냐하면 중노동이기 때문이다. 급여는 직물 1m에 투입된 노동 가치를 따라 책정되었다. 우리는 생산 가치에서 급여의 비율이 어떻게 줄어드는지에 관해 묻는다. 왜냐하면 동일한 속도로 동일한 상품을 제조하는 도구를 사용해, 노동자는 급여의 95%를 사용하지 못하고 단 47.5%만 사용하기 때문이다. 나머지는 모두 '기업주'의 이윤이 된다. 그리고 상품 가치에서 급여의 비율을 줄이기 위한 수단으로 기술을 사용하려 했다. 그렇기 때문에, 잉글랜드에서는 방적기기 사용을 위한 치열한 경쟁이 벌어졌다. 누구도 예상치 못했던 일이 벌어졌다. 한 일본인이 이 기기를 발명한 것이다. 이 기기의 발명은 급여의 하락을 낳게 될 기술 발전과 동의어였다.

　이 말의 의미는 다음과 같다. 자본의 본질은 이윤율 성장이다. 이윤율 성장이 바로 자본에 내재된 합리성이다. 상품 생산 공정에서 돈은 원자재, 급여, 기술로 사용되며, 상품은 특정 가치를 갖는다. 가치가 적으면 그만큼 가격도 낮다. 어떤 사람이 100의 가치로 상품을 파는 데, 다른 사람은 동일 상품을 50의 가치로 판다. 그렇다면, 나는 50의 가치를 파는 쪽에서 상품을 산다. 바로 이것이 경쟁이다. 경쟁은 다음과 같은 상황을 조성한다. '더 큰 가치로 생산하는 자본은 판매 불가능하다. 이것은 곧 파산을 뜻한다.' 적은 가치로 자본을 생산하기 위해, 역사상 최초로 기술 혁명이 일어났다. 그러나 기술은 이윤율 성장에 필요한 수단이었다.

　결국 위험한 것은 기술이 아니라 최종 파괴자인 자본이다. 왜냐하면 성장은 자본의 이익 증진을 위한 인위적 방편이기 때문이다. 이것이 근대성 자체의 합리성이며, 역사의 네 번째 단계이다.

자본과 생명의 모순

과학과 기술은 진보의 꿈을 완성했고, 현실의 구조를 발견했다. 그러나 이들은 지구에 무한한 자원이 있다는 그릇된 전제에서 그 작업을 진행했다. 이 전제는 치명적인 오류였다. 왜냐하면 오늘날 우리는 지구가 유한하다는 사실과 과학의 전 과정이 우리에게 부정 효과는 감추고 긍정 효과만 보이려 한다는 점을 확인할 수 있기 때문이다. 우리가 얼마나 막다른 골목에 몰렸는지 알려면, 정치경제학의 주창자인 애덤 스미스의 저작으로 되돌아갈 필요가 있다. 애덤 스미스는 애당초 경제학자가 아닌, 글래스고에서 교편을 잡은 윤리철학자였다. 첫 저작 『도덕감정론』에서, 스미스는 버나드 맨더빌의 정식인 '악한 행위로 어떻게 선한 결과를 낳을 수 있는가?'에서 벌어지는 갈등을 풀기 위해 시장을 구체화한다. 그는 이 모순을 설명하기 위해 시장으로 되돌아온다. 자아는 이기적이며, 덕이 아닌 이윤을 위해 싸운다. 자아는 재화를 위해 일하고, 이윤을 얻으려 재화를 생산한다. 타인 역시 마찬가지이다. 우리는 모두 이 점을 의식하지 못한다. 왜냐하면 역사 너머의 신의 '보이지 않는 손'이 모든 이기주의를 조정하기 때문이다. 결과는 '의도와 무관'하다. 모두의 의식은 긍정 효과를 낳는다. 왜냐하면 이기주의를 통해 사회의 선을 구현하도록 신의 섭리가 작용하기 때문이다.

애덤 스미스에게 시장은 경제의 갈등이 아닌 윤리의 갈등을 해결하기 위한 형이상학적 수단이다. 그러나 스미스는 가난으로 대표되는 시장의 부정 효과들을 간파하지 못했다. 스미스에게 가난은 자연스러운 현상이다. 마치 자본가의 지위를 점한 부자들이 가난한 사람들의 노동을 구매하는 것을 자연스러운 일로 여기는 작태와 같다. 반면, 마르크스는 이를 자연스러운 결과가 아닌 역사적 결과라고 주장한다. 왜냐하면 빈부 문제는 지배 구조의 산물이기 때문이다. 마르크스는 경제 체제의 부정 효과들 중 하나로 가난을 적시했지만, 토지 분배 문제에 대해서는 제대로 인식하지 못했다. 왜냐하면 마르크스는 토지가 분배될 수 없다고 보았기 때문이다. 오늘날 우리는 생명의 파괴라는 절체절명의 위기를 맞았다. 인간의 생명은 환상적인 진화의 중심이다. 이 진화로 인간은 신경계 동물, 인간의 두뇌라는 고도로 발달된 신경계를 갖춘 동물의 자리에 올랐다. 우리는 지상의 생명체 진화에서 가장 빛나는 산물이다. 이윤의 합리성이 주도하는 자본, 이윤율 상

승을 지향하는 자본과 이러한 생명 사이에서 드러나는 모순
이 오늘날의 핵심 문제이다.

생사의 기로: 선택 문제

생명의 반대말은 이윤과 직결된 합리성이다. 이 합리성이
결국 죽음을 낳는다. 지금 우리는 생사 문제와 마주했다. 그
러나 역사에서 인류는 생사의 문제를 절대 한계선으로 인식
했다. 어떻게 보면, 우리는 의식 없는 인류의 첫 번째 세대일
것이다. 우리는 신석기 혁명에서 출발해 산업화와 함께 기하
급수적 성장을 일군 문명의 끝자락에 서 있다. 이제야 인류
는 이 길에서 자멸하는 중이라는 사실을 깨닫는다. 그 이유
는 수 세기에 걸친 파괴가 아닌, 수십 년 밖에 걸리지 않을 파
국에 직면할 것이기 때문이다. 보다 중요하고 심층적인 문제
는 가치 윤리나 덕 윤리의 재건이 아닌, 생사의 기로에서 어
떤 것을 선택하는가의 문제이다. 인류에게는 더 깊은 차원의
윤리가 필요하다. 나는 이러한 관점을 표출한 책을 한 권 썼
다. 바로 『세계화와 배제 시대의 해방 윤리』*Ética de la liberación
en la edad de la globalización y de l' exclusión* 5)이다. 미국에 거주했

던 독일 철학자 한스 요나스[6]는 "책임 원칙"을 이야기했다. 우리는 지구의 생명체에 대해 책임을 져야 한다.

요나스의 강조에 따르면, 두려움은 책임을 감당하기 위한 중요한 동기가 될 수 있다. 그러나 나는 책임 문제를 두려움의 차원으로만 접근할 수 없다고 생각한다. 왜냐하면 책임은 보다 심오한 차원에 있는 것이기 때문이다. 여기에서 우리는 마르크스 사상과 복음서 사상의 본령에 오른다. 형이상학적으로 일치하는 두 시각은 '자본 물신 숭배'에 대해 무신론 태도를 취한다. 마르크스는 1844년에 다음과 같이 썼다. 무신론은 '인간 부정에 대한 부정'과 다르지 않다. 무신론은 항상 다음 내용을 지적했다. 자본은 참신이 아니며, 몰록, 우상, 물신이다. 마르크스는 포르투갈어 '페티수fetiço'를 어원으로 하는 물신이라는 용어를 사용했다. 아프리카를 연구한 인류학 서적 한 권[7]을 읽었기 때문이다. 그 책은 아프리카인들이 자기 손으로 신들을 만들고, 자기 손의 산물인 신들을 경배한다는 사실을 이야기했다. 이 내용은 이사야와 시편 113편[8]에도 나타난다. "사람들이 섬기는 우상들은 은붙이 금붙이로 만든 것, 사람 손으로 만든 것이다. 입이 있어도 말을 못하고, 귀가 있어도 듣지 못한다. 사람들은 자기 손으로 이 우상들을 만든다." 이것은 마르크스의 명확한 표현이기도 하다. 자본은 당신의 손으로 만든 것이다. 그것은 물신이며, 우상이다. 이것은 전적으로 신학문제이다.9)

형이상학적으로, 마르크스는 [가톨릭]교회의 사회교리보다 『신구약성서』에 더 가까운 경제관을 보였다. 경제에 관한 그의 관점은 은유가 아니다. 마르크스는 그것을 전문적으로 입증할 요량으로 연구를 단행했다. 1892년에 발표된 가톨릭 교회의 사회교리 「새로운 사태」*Rerum Novarum*는 인간의 존엄성을 제일 가치로 표명했다. 그러나 이 글은 소유를 자연권이라 말한다. 토마스 아퀴나스의 시각에, 소유가 자연권이라는 공식은 불가능하다. 왜냐하면 원죄가 없다면, 인간에게 사유재산은 필요치 않을 것이기 때문이다.10) 토마스 아퀴나스의 이러한 시각은 19세기 말까지 모든 전통에서 자명한 시각이었다. 당시 교황과 함께 「새로운 사태」를 작성한 예수회는 사유재산권에 관한 로크의 주제를 활용했다. 그와 반대로, 마르크스는 다음과 같이 주장한다. 생산 활동은 급여 가치의 재생산을 위해 필요한 시간에서 가치를 창출하지만, 급여 가치의 재생산에 필요한 시간을 넘어서는 또 다른 시간이 존재한다. 마르크스는 이 시간을 잉여시간이라 칭했고, 잉여시간과 연동된 노동을 잉여노동이라 불렀다. 노동자는 바로 '잉여노동시간'을 통해 가치를 창출한다. 노동자는 곧 창조자이다. 마르크스는 생산이나 재생산과 같은 용어 대신, '창조Schöpfung'라는 용어를 사용한다. 노동자는 급여 지급이 없는 상태에서 가치를 만든다. 따라서 노동자는 자본의 공백에서 가치를 창출하는 창조자이다. '무로부터의 창조creatio ex nihilo'라는 표현이 도드라지는 대목이다. 마르크스는 셈족 기독교의 시각으로 경제를 조망하고, 창조 교리를 경제에 접목한 유일한 철학자이다. 그 반면, 나는 어떤 교황도 그와 같이 이야기하는 것을 들어보지 못했다.

나는 『미지의 마르크스를 향하여』*Un Marx sconosciuto* 11)라는 책에서 이러한 생각을 예고했고, 토마스 아퀴나스가 신학 작업을 위해 아리스토텔레스를 활용했듯, 마르크스는 21세기의 교부가 될 것이라 확신했다. 기독교의 첫 세기에 아리스토텔레스는 창조를 언급하지 않고 이교도 철학자라는 이유로 배척을 당했다. 마르크스도 그와 동일한 과정을 거치는 중이다. 왜냐하면 그는 지구 파괴를 가중시킨 원흉인 자본에 대해 형이상학 비판을 가한 유일한 철학자이기 때문이다. 우리에게는 생명과 죽음을 대립시키는 그의 비판이 필요하다. 마르크스에게 자본은 죽음이며, 생명은 노동 주체이다. 그는 이 노동 주체를 "살아있는 노동lavoro vivo, lebendige Arbeit"이라 불렀다. 살아있는 노동은 먹을 것을 필요로 하는 육체를 가진 주체이지만, 자기의 노동력을 구매하고 생산 과정에 동화시키는 주체이며, 매춘부처럼 타인에게 자신의 육체 노동력을 팔아야 하는 주체이기도 하다. 바로 이것이 '육체의 물신 숭배화'이다. 육체의 물신 숭배화는 육체를 물건 취급하는 대죄이다. 이것은 공장 가동을 위해 노동자들을 산업 전선에 투입하는 자본가들이 날마다 벌이는 짓이다. 흥미로운 부분이 있다. 독일어에서 노동력 제공자는 바로 '기업주'이다. 영어는 내가 너에게 '직업'을 준다고 말한다. 그러나 사실 직업을 주는 주체는 기업주가 아니라, 노동자이다. 자본은 타인의 가치를 사용할 수 있는 능력을 주며, 절대적이고 신성한 존엄성을 지닌 인격을 구매한다. 타자들이 가난으로 헐벗어 죽어가는 동안에도, 자본은 인격체로서의 인간 노동력을 구매하고, 착취하며, 이윤 생산에 박차를 가한다. 이는 비단 노동자에게만 벌어지는 일이 아니다. 근대성의 식민지 세계 전역에서 일어나는 일이기도 하다.

생명의 윤리

나는 지난 50년 동안 "식민화된 존재essere colonizzato"의 의미를 깊이 탐구했다. 이 용어는 유럽과 동의어인 중심부 세계가 인간으로 여기지 않은 존재를 가리킨다. 식민화된 인격체는 절대적 예외상태이다. 인간 대접을 받지 못하고, 단지 식민지 세계에 속한 착취 대상 취급당하기 때문이다. 따라서 우리는 자본주의를 단순히 자본과 노동의 관계로만 볼 수 없다. 중심부 주변부의 구도로도 자본주의를 볼 수 있다. 국제 자본주의에서 세계화는 주변부 세계에 대한 착취 없이 생각할 수 없는 문제이다. 주변부 국가들에서 이뤄지는 자본 투자는 중심부 국가에서 단행하는 비용 감소 정책의 일환이다. 예컨대, 폭스바겐은 멕시코에 거대한 제조 공장을 설립했다. 자동차 한 대 생산을 기준으로, 노동자의 임금은 월 13만원이다. 그러나 유럽은 동일 조건에서 2백만원이다. 무려 187

만원의 임금 격차가 발생한다. 주변부 국가에 제조 공장을 설치해 취한 이익이다. 기업이 절약한 187만원은 고스란히 독일로 흘러간다. 그것은 폭스바겐의 이익을 나타낸다. 이것은 생명에 대한 착취이다. 그 이유는 마르크스에 따르면, 생산의 가치란 곧 생명의 대상화이기 때문이다.

마르크스의 이러한 시각은 매우 깊은 차원에서 인간주의 humanism를 생각한 결과물이다.[12] 왜냐하면 노동자가 자기 생명을 생산품에 집어넣었다소위 '가치'라 불리는고 주장하기 때문이다. 마르크스에 따르면, 가치는 생명의 대상/객관화이다. 히브리 사람들에게 생명은 '피'이며, 가톨릭 신자들은 성만찬의 빵과 포도주를 그리스도의 실제 몸과 피라고 믿는다. 몸과 피의 상징적 분리는 곧 죽음을 의미한다. 따라서 포이어바흐는 기독교의 본질을 '먹고 마심'이라고 썼다. 즉, 그리스도의 몸을 먹고, 피를 마신다. 그러나 '먹는다'는 '살아있음', '에너지 사용'과 '에너지 생산을 원함'을 의미한다. 로마인들과 그리스인들에게 굶주린 사람들에게 빵을 주는 일은 선행이 아니다. 그러나 셈족 사람들과 그리스도인들에게는 선행이다. 왜냐하면 나는 살아있는 생명체이기 때문이다. 목마른 사람에게 물을 주는 것은 윤리적 행동이다. 왜냐하면 생명을 낳기 때문이다. 온기를 유지하도록 옷을 벗어 주는 일, 휴식을 취할 수 있는 거처를 마련하는 일, 건강을 되찾도록 취약한 사람들을 방문하는 일은 모두 산 생명의 실존을 유지하는 데 필요한 행동들이다. 윤리의 기준은 바로 생명la vita이다. 그리스도 이전 3천년 전에 이집트의 『사자의 서』가 증언하는 것처럼, 굶주린 사람에게 밥을 주고, 목마른 사람에게 마실 것을 주고, 방랑자에게 집을 마련하는 일은 살기 위해 꼭 필요하다. 예수 역시 헤롯의 박해로 이집트에 정치적 망명을 떠났다. 한 번은 카이로에 있는 콥트 교회 공동체의 사람들이 내게 피난 온 '그리스도께서 바로 여기에 머무셨다'고 말한 적이 있다.

나는 군부 탄압을 피해 고국 아르헨티나를 떠났다.13) 헨리 키신저가 미 국방부와 중앙정보국을 동원해 라틴아메리카 전역에 독재 체제를 설계했기 때문이다. 심지어 군부를 동원해 이 체제를 수립했다. 실로, 키신저는 라틴아메리카 독재자들의 스승이다. 자본 물신 숭배는 너무도 끔찍한 일이다. 이라크에서 군사력을 동원해 벌인 일을 생각하면, 더욱 끔찍하다.

생명의 윤리가 필요하다. 이 윤리의 내용은 다음과 같다. 우리는 인간의 생명을 생산, 재생산하고, 발전시켜야 한다. 그것은 공동체에만 해당하는 문제가 아니다. 생기론과 나치즘에 근거한 민족주의에 대항해야 하는 온 인류의 문제이다. 생명에 대한 긍정이 물질계의 보편 원칙이 되어야 한다. 나는 탈근대주의자가 아닌 합리주의자이다. 일관성 없이 조각난 담론이야말로 세계화가 바라는 이상적인 그림이다. 왜냐하면 세계 시장의 독단론자들은 강력하고 보편적인 담론을 만들고, 사람들에게 약한 사상을 예찬하도록 강요하기 때문이다. 내 친구인 잔니 바티모14)는 약한 사상의 문제를 이론으로 정교하게 다듬었다. 내 생각에, 사상은 자본 보편성의 희생자들을 위하는 형태로 강화되고, 보편화되어야 한다.

생명 윤리의 요청

우리는 생명의 새로운 보편성을 재차 긍정해야 한다. 나는 이러한 생명의 윤리에 관한 요청 문제를 간략히 기술하려 한다. 우선, 요청의 의미를 석명釋明하겠다. 후기 칸트는 요청과 영원한 평화를 말한다. 즉, 우리는 전쟁이 완전히 사라진 인류를 이루기 위한 투쟁, 즉 반전과 평화를 위한 투쟁에 나서야 한다. 그리고 전쟁이 완전히 사라진 곳에서, 영원한 평화에 관한 사유를 시작해야 한다. 아마도 인류가 지난 수 세기 동안 간절히 바랐던 일일 것이다. 그러나 나는 감히 영원한 평화의 실현은 불가능하다고 말한다. 다만, 칸트의 주장에 숙고해 볼 부분이 있다. 전적으로 합리적이지만, 지금까지의 경험상 불가능한 이 기획은 하나의 '규범 원리'로 기능할 수 있다. 나는 종종 밤에 방향을 찾기 위해 북극성을 활용했던 중국인들을 칭송한다. 별을 따기는 불가능하지만, 야간 방향 설정을 가능케 하기에 별은 매우 유용하다. 이처럼 논리적으로 가능하나 경험적으로 불가능한 '요청'도 우리의 방향을 지시하는 원칙으로 복무할 수 있다. 즉, 영원한 평화에 이르기 위해, 우리는 모든 인간관계에서 싸움까지도 감수해야 한다.

나는 같은 원리를 택해, 생명의 영역에 전달하려 한다. 나는 "영원한 생명"15)이라 불리는 새로운 요청을 수용한다. 우리는 이 요청을 규범 원리로 표현한다. 즉, 우리는 생명의 생산과 재생산을 위해, 그리고 생명의 고양을 위해 투쟁해야 한다. 나는 단지 양적 성장이 아닌, 마르크스가 "자유의 나라"라 칭했던 질적 성장을 주장하고 싶다. 영원한 생명은 이 땅에서 삶을 지속하도록 할 기획과 행동들의 제작을 의미한다.

한 친구가 내게 이 요청규범 원칙을 가능케 할 세 가지 공식을 제시한 적이 있다. 첫째, 재활용 자원들의 사용률은 자원 복원 비율을 넘지 말아야 한다. 곡물을 복구 불가능한 수준으로 남용하지 말아야 한다. 둘째, 재생 불가능한 자원들의 사용률은 그 자원들과 동일한 양을 재생산할 수 있는 역량에 비례해야 한다. 재생 에너지로 석유를 대체하라는 말과 같다. 우리는 더 이상 재활용 불가능한 자원들을 사용하지 말고, 다음 천 년에도 생명이 지속되도록 재활용 가능한 자원들을 개발하는 데 전념해야 한다. 의회민주주의 체제에서, 행정부는 45년 마다 교체된다. 그리고 의사 결정권자들은 기본적인 내용만 보도한다. 또한 정책 입안자들은 정치 자금 문제에 익숙하다. 따라서 인류의 자멸로 몰아갈 단기 정책만 나온다. 오히려 이러한 단기 정책 대신, 우리는 온 인류를 생각하면서 적어도 향후 천 년 동안 지속 가능한 삶의 문제를 생각해야 한다이것은 중기 기획일 것이다. 또한 장기적으로 만 년 동안신석기 혁명에서 현재까지의 시간의 역산 생명의 지속 가능성을 고려한 정책을 구상해야 한다. 이러한 중장기 기획이 불가능하다는 말은 결국 모든 것이 불합리, 완벽히 불합리하며, 문제에 대한 어떤 해법도 찾지 못한다는 말과 동격이다.

세 번째 공식은 다음과 같다. 공해 배출량은 재활용 수량과 동일해야 한다. 열 개의 오염 물질을 생산한다면, 열 개의 재활용 발명품을 만들어야 한다. 복구 비율이 낮을 때, 지구 파괴가 시작될 것이다.

절대 기초 윤리의 원칙은 바로 "생명 긍정"이다. 생명에 대한 긍정이 합리성의 기준이다. 그러나 자본은 비합리적이다. 왜냐하면 생명을 파괴하면서 생산 증가를 꾀하기 때문이다. 라틴아메리카의 대 사상가이자 내 친구인 프란츠 힌켈라메르트16)는 이를 '체제 합리화의 비합리성l' irrazionalit della razionalizzazione del sistema' 이라 칭했다. 합리성의 유일한 원칙은 오래토록 유지, 촉진되어야 할 '생명'이다.

희생자의 편에서 생각하는 미래

내가 제시하는 윤리의 또 다른 대원칙은 항상 내부에서 고통당하는 사람들, 다시 말해 '희생자들'을 양산하는 체제의 부정 효과들을 숙고한다. 인도, 방글라데시, 아프리카 지역에는 가난이 편만하다. 실업자들의 숫자는 늘고, 대기 오염은 나날이 심각해진다. 이 모든 부정 효과들이 희생자를 부른다. 따라서 윤리의 대원칙은 다음과 같다. 희생자들은 살수 없다. 하여, 체제 변혁과 희생자의 지속 가능한 삶이 반드시 필요하다. 이것이 체제를 내부에서부터 변혁해야 하는 기본 원칙이다. 농업과 목축은 필요하다. 그러나 위험 단계에 도달했다. 농업과 목축은 반드시 그 형태의 변화가 필요하다. 근대성은 아메리카 침략과 함께 시작되었고, 유럽의 팽창기를 뒷받침했으며, 지난 2백년 동안 유럽의 세계 중심부 역할과 현재 미국 및 러시아로 넘어온 세계 중심부 역할을 선명하게 그렸다. 지금 우리는 이 5백년 근대성의 끝자락에 서 있다. 2백년의 단절기를 겪은 중국이 세계무대에 복귀했다. 그러나 중국은 영0에서 출발하지 않는다. 2백년 전만 해도 인류에서 가장 진보한 문명이었기 때문이다. 다른 문명과 비교했을 때, 장점이 많다. 예컨대, 표음 문자가 아닌 표의 문자는 추상 이미지를 수반한 사유를 가능케 한다. 글씨를 쓸 때, 모든 종류의 논리 구조와 문화 구조를 익힐 수 있다는 말이다. 이 문자는 표음 문자보다 훨씬 깊고 발전된 형태로 보일 수 있는 매우 어려운 문자이다. 주요 글자를 예로 들면, 세 개의 평행선은 완벽함을 나타낸다. 반면, 동일한 선이 부서진 것은 악을 의미한다. 요컨대, 이 문자는 인도와 마찬가지로 유구한 역사에서 유래했다. 기원전 7세기 갠지스 강 유역에는 3만명의 철인哲人들이 불교와 베단타 사상을 깊이 연구하던 도시 국가들이 있었다. 따라서 철학은 서구의 전유물이 아니다. 철학의 탄생지는 그리스가 아니다. 인도인의 세계는 다른 형태의 철학을 가졌다. 이 철학은 매우 흥미롭고 더욱 생태적인 철학이다. 왜냐하면 긍정적인 면 못지않게 부정적인 면이 확연히 드러난 서구의 기술 혁명을 겪지 않았기 때문이다.

통근대주의 17)

우리는 새 문명에 생기를 불어 넣어야 한다. 마르크스는 경제와 생산의 나라를 경멸한 자유의 나라를 말한다. 우리는 특정 시대를 요구할 수 있다. 더 이상 일할 필요가 없는 시대, 즉 '무노동의 시대'를 생각할 수 있다. 물론 생각해 볼 수 있는 일이다. 그러나 불가능한 일이다. 그 대신, 우리는 노동의 축소가 시작되는 날을 기대할 수 있다. 베네수엘라의 우고 차베스는 일일 여섯 시간 노동을 제안했다. 전 시민이 하루 여섯 시간만 일하고 더 많은 자유 시간을 가질 수 있는 역사상 최초의 사건일 것이다. 자유 시간, 노동에서 해방된 시간은 정신, 문화, 예술, 종교 활동에 전념할 수 있는 시간이다. 이는 마르크스의 생각과 닮았다. 이 점에서, 마르크스는 정신보다 경제가 중요하다고 생각하지 않았다. 기독교 자본주의는 노동 시간을 물신화했다. 이 자본주의는 우리에게 '항상 노동하라. 쉬지 말고 노동하라. 범사에 노동하라'를 요구한다. 일하지 않는 사람은 가난하고, 사회 변두리에 내 몰리고, 결국 묘지로 향한다. 1844년에 작성한 원고에서 마르크스는 체제에서 배제된 이 유령들에 대해 이야기한다. 그는 가난한 사람들을 돌보는 의사, 시신과 유해를 다루는 묘지 관리인을 이야기한다. 그러나 마르크스는 인간이 여섯 시간,

네 시간, 세 시간 일할 수 있다고 생각하지 않았다. 자유 시간은 의복, 먹을 것, 물질을 필요로 하지 않는 새 문명의 성장이다. 왜냐하면 우리는 모든 필수품을 어떻게 보면 필요 이상으로 풍성하게 가졌기 때문이다. 그러나 지금 우리는 거의 수도원에 준할 정도로 엄격한 문명을 구현해야 한다.[18] 이스라엘 키부츠에서 일하던 당시, 나는 아버지, 어머니, 딸들로 이뤄진 신앙인 가족을 본 적이 있다. 이 가족은 삶에 필요한 물품들을 모두 가졌으며, 자유롭게 일하고 생활했다. 이 가족을 보고, 나는 혼잣말로 미래 인류의 모범이라고 되뇌었다. 즉, 새로운 재화를 끝없이 만드는 시장, 지나치게 물질적이고, 표면적이고, 중요치 않은 물건들 때문에 갖은 염려와 근심을 안고 살도록 하는 시장에 에둘려 살지 않는 미래 인류의 모범 사례라 생각했다.

새로운 문명의 특징은 '소통'일 것이다. 라캉이 자신의 책에서 밝혔듯이, 더욱 종교적인 시대가 올 것이다. 라캉이 말한 종교는 과학이 설명할 수 없는 모든 것에 대한 은유이기 때문이다. 과학은 사물에 관한 지식을 기하급수적으로 신장시킬 것이다. 그러나 그와 병행해, 사물에 대한 무지도 증가

할 것이다. 즉, 우리가 모르는 분야가 점점 많아질 것이다. 우리는 "빅뱅"이 180억 년 전에 일어났다는 점을 알지만, 그것이 최초의 "빅뱅"인지, 그 이전에 우주의 수축이 있었는지 알 수 없다. 만일 최초의 "빅뱅"이라면, 우리는 어떠한 것도 무에서 비롯되지 않은 단계에서 과연 빅뱅이 어떻게 가능했는지 의문을 품을 수 있을 것이다. 또한 과학은 사후 운명이라는 인간의 중차대한 문제를 결코 해결하지 못할 것이다. 이집트는 부활 신화를 제작했다. 유대인과 그리스도인의 부활 신화 이전에 이집트인의 부활 신화가 있었다. 실제로 피라미드는 부활의 염원을 담은 무덤이다. 거기에는 육체와 성에 가치를 부여하는 관점, 주린 사람들을 돕는 일이 윤리의 기준이 되는 시각이 나타난다.

우리는 그리스인들에게서 영혼과 육체를 배웠다. 그러나 이들에게 육체는 어떤 중요성도 없다. 따라서 원죄는 육체를 지녔다는 사실에서 기인했다. 나는 그리스인들의 생각과 반대 입장이며, 그리스 이후 성현상sessualità을 부정하고 여성 지배를 정당화한 로마인들의 생각과도 완전히 반대 입장이다. 나는 셈족의 입장을 지지한다. 영혼 불멸을 주장한 그리스와 달리 셈족은 육체의 부활을 주장한다. 이는 다른 인간론, 다른 신화이다. 소르본 재학 시절에 내 스승이었던 폴 리쾨르19)는 "사상思想을 부르는" 상징을 이야기했다. 상징은 현실에 대한 은유이다. 그리고 신화는 합리적이다. 왜냐하면 신화는 과학이 결코 해결할 수 없는 것에 대한 상징적 설명이기 때문이다. 앞으로 도래 할 시대는 축제와 초월성의 위대한 시대가 될 것이다. 자유라고 표시된 영역은 더 많은 물건을 소유하려 미쳐 날뛰는 이 정신병과 같은 경향들을 탈피한 성장, 즉 '탈성장' 일 것이다. 이 표시는 문화와 종교의 유산들에서 무한한 창조성을 발산할 수 있는 새로움이다.

한 문명은 여러 측면에서 다른 문명보다 우월할 수 있다. 예컨대, 기술자본주의 문명은 기술의 측면에서는 아메리카 대륙의 마야 공동체보다 우월할 수 있다. 그러나 자연과의 관계에 있어, 후자는 더욱 발전된 시각을 가졌다. 근대성 이전의 문명들과 근대성과 동시대의 다른 문명권은 더 많은 재화 생산과 지구 파괴의 문제를 염려하지 않고 자연을 활용한다. 이는 파괴 없이 자연을 활용할 수 있는 방법에 대한 미래의 요청과 맞물린다.

근대성은 지중해의 무슬림 세계, 아메리카 원주민의 세계, 인도 일부와 조우했다. 그러나 식민지가 되지 않았던 중국과의 마주침은 없었다. 따라서 위 문명들의 몇 가지 측면이 유럽의 근대성에 내포되었다. 그러나 이 문명들의 유효한 가치들의 차원은 고려되지 않는다. 근대 유럽은 이 부분들을 무가치하게 여기고, 결국 포기했기 때문이다. 그러나 오늘날이 문명권은 고유 가치의 의미를 재차 확보하는 중이며, 특히 인도와 라틴아메리카 문화는 그 가능성과 역량을 펼치기시작했다. 이슬람은 『꾸란』에 대한 새로운 해석을 재발견하기 시작한다. 이들의 『꾸란』 해석은 결코 광신적이지 않다. 오히려 이들의 해석은 13세기 유럽 문예부흥의 초석을 닦았다. 아랍인들의 매개로 아리스토텔레스가 유럽코르도바에 발을 디뎠다. 토마스 아퀴나스와 보나벤투라는 모두 이븐 루시드아베로에스 20) 계통의 철학자이다. 이븐 루시드와 이븐 시나아비첸나 21)는 중세 철학의 대가였다. 이븐 루시드는 과학, 천문학, 수학의 합리성이 『꾸란』과 모순되지 않는다고 주장했다. 마찬가지로, 1,200년대 토마스 아퀴나스도 『성서』에 대해 동일한 주장을 폈다. 현대 유럽이 타 문화권에서 얻은 긍정적인 이념들을 발전시키기 시작할 때, 유럽은 단일 세계의 문화가 구현되는 대신 다양한 목소리가 공명하는 다원 세계의 문화를 구현할 것이다. 자유가 지배하는 미래 세계는 수세기에 걸쳐 인류를 단일한 존재로 살도록 하지 않을 것이다. 즉, 단조로움과 지겨움에 지배받지 않는 곳이 되어야 할 것이다.

나는 이 과정을 유럽 근대성의 끝자락에 해당하는 탈근대 postmoderno라 부르지 않는다. 내가 거론한 이 과정은 통근대 transmoderno이다. 왜냐하면 자본의 양적 성장의 탈성장, 문화, 영, 자연과의 관계의 질적 성장의 탈성장이라는 특징을 보이는 전혀 다른 차원의 문명일 것이기 때문이다. 통근대성의 문명에서 우리는 새로운 시각으로 살아갈 것이다. 욕망을 줄이고, 연대, 사유, 명랑, 유희, 오락, 인간 정신을 위한 다양한 활동 등, 다른 일을 할 수 있을 시간을 확보할 수 있기 때문이다. 시장은 우리의 도구로써 필요할 뿐, 시장이 우리를 바꾸거나 좌우하는 일은 없을 것이다. 통근대성의 세계에서 우리는 더 이상 돼지우리 같은 시장 속에 살지 않고, 시장 밖에 있을 것이다. 시장은 인간에게 봉사하는 제도이다. 인간이 시장에 복무하는 것이 아니다. 또한 산 생명의 신에게 이르려는 믿음을 가진 이들도 자기 발전을 이룰 수 있을 것이다. 신자들은 내가 언급한 내용을 빠짐없이 이해할 수 있을 것이다. 그리고 비신자들은 내 주장에서 새 문명의 삶과 인류를 위한 투쟁의 자극제를 맛볼 수 있을 것이다.

개발 신화

1) 본문은 저자의 수정 작업을 거치지 않았다.

2) [역주] 신제품으로 대체되면, 옛 제품은 사장되어야 한다. 따라서 대체 개념에는 '구식화' 와 '도태' 라는 죽음의 논리가 숨어 있다.

3) [역주] 이탈리아 토리노와 프랑스 리옹을 잇는 고속철도 이름이다.

4) [역주] 2020년 6월 22일 환율 기준으로, 1유로는 약 1,362원이다.

5) [역주] 이탈리아 시칠리아 섬에 있는 지명이다. 유명 관광지 가운데 하나이다.

6) [역주] 이탈리아의 정치인이며, 중도좌파 성향의 이탈리아 민주당 당수를 지냈다. 1990년대 후반부터 2000년대 초반까지 경제개발부, 교통부, 기술혁신부 등의 장관직을 역임했다.

7) [역주] 마르크스-레닌주의 계열의 극좌 정당에서 출발해 줄곧 좌파 진영에서 활동하다 민주당 소속으로 국회의원을 지낸 이탈리아의 정치인이다.

8) [역주] 로마 시장을 역임하고, 베를루스코니와 총리 경선에서 대결했던 이탈리아의 정치인이다.

9) [역주] 저자가 본문을 작성한 시기의 세계 총인구를 가리킨다. 2021년 세계 인구는 이미 77억을 돌파했다.

10) [역주] 신티(sinti)와 더불어, 유럽 곳곳에 흩어져 유랑하는 사람들을 가

리킨다. 이들을 비하하는 용어가 바로 '집시' 이다.

11) 본문이 대중 강연의 원고용으로 작성되었다는 점을 감안하라.

12) [역주] 탈성장을 외치는 사상가들이나 운동가들은 제도 및 구조 차원의 변혁과 함께 개인과 문화 차원의 변혁을 계속 외친다. 제도만 바꾸고, 개인이 바뀌지 않는 변혁은 반에 반쪽도 되지 않는다는 말이자, 또 다른 형태의 제도 왜곡을 앞당기는 일이기 때문이다. 제도와 구조의 변혁을 외치면서, 개인은 하나도 바뀌지 않는 모순의 문제는 이미 여러 운동가들과 사상가들에 의해 지적된 문제이다. 무엇보다 자본주의는 경제 제도를 넘어서 이념, 종교, 문화, 습속이 되었다는 점을 놓치지 말아야 한다. 사고방식이 되었고, 몸의 습관이 되었다는 뜻이다. 탈성장 운동가들은 제도 변혁과 더불어 반드시 이뤄져야 하는 변혁이 문화 변혁과 의식 변혁이라는 점을 강조한다.

13) [역주] 인권을 비롯한 각종 권리를 내세우는 좌파 진영도 행정 집권자가 되면, 자신들의 이념을 배반하는 일을 서슴지 않는다는 솔직한 비판이다.

자멸하는 성장

1) [역주] 라투슈의 견해는 성장 자본주의를 영적 종교로 보는 시각과 맞물린다. 성장에 대한 맹목적 추종은 신념을 넘어서, 종교적 믿음이 되었다. 따라서 그는 신격화, 신화화된 이 성장에 대한 무신론과 탈신화화 작업을 제기한다. Cf. Serge Latouche, *La décroissance, col.* «Que sais-je?» (n○ 3858), Paris, Humensis, 2019, p. 4–5.

2) [역주] 원문에 기록된 용어는 다음과 같다. Rivaluatare, Riconcettualizzation, Ristruttarare, Ridistribuire, Rilocalizzare, Ridurre, Ritutilizzare, Riciclare.

3) [역주] 현 시점(2021년)에서 당시를 되짚으면, 라투슈의 이러한 희망은 순진하지 않았는지 의구심이 든다. 중국과 인도와 같은 깊고 오래된 문명권에 대한 서구인들의 기대감은 생각보다 부풀려진 면이 있지 않은지 의문이다.

4) [역주] 라투슈는 2019년에 출간한 "탈성장" 관련 서적에서 여덟 가지 R에 다른 개념들을 계속 확장할 필요가 있다고 강조한다. 예컨대, 회복탄력성(Résilience), 저항(Résistance), 근본/급진화(Radicaliser), 재규정

(Redéfinir), 재사유(Repenser), 규모 재측정(Redimensionner), 재변환(Recon-vertir), 재주조(Remodeler) 등의 개념으로 세분, 확장할 필요가 있다. Cf. Serge Latouche, *La décroissance*, op. cit, 2019, p. 51.

5) [역주] 이반 일리치(Ivan Illich, 1926–2002) 혹은 이반 일리히는 오스트리아 출신의 철학자, 신학자, 역사학자, 대중교육가이다. 로마와 잘츠부르크에서 공부했으며, 멕시코, 미국, 이탈리아, 독일 등에서 활동했다. 특히 멕시코에 설립한 문화교류문헌자료센터(CIDOC)를 중심으로 아메리카 대륙의 여러 지성인들과 교류했으며, 그 중에는 사회학자 에리히 프롬(Erich Fromm), 교육학자 파울루 프레이리(Paulo Freire)도 있다. 제도권 학교 교육을 맹렬히 비판했고, 전문가 사회가 오히려 사람을 바보로 만들고, 병원이 병을 키우는 등 현대 사회의 개발 폭주와 무절제한 기술 발전에 대해 근본적인 비판을 가했다. 또한 가톨릭 사제로서 가톨릭교회의 정책과 구조에 대해 비판했다. 개신교 출신의 사상가 자끄 엘륄과 더불어 "기독교 아나키스트"로 분류되기도 한다. 말년에 독일에 체류하면서 볼프강 작스(Wolfgang Sachs)의 '부퍼탈연구소'에도 영향을 미쳤다. 국내에는 법학자 박홍규의 소개로 이미 1970년대부터 그의 서적이 번역되었고, 현재 그의 주요 서적들이 우리말로 소개되었다.

6) [역주] 코르넬리우스 카스토리아디스(Cornelius Castoriadis, 1922–1997)는 그리스–프랑스의 철학자, 경제학자, 정신분석학자이다. 젊은 시절 트로츠키 계열의 공산당에서 활동했고, 프랑스에 유학해 국제주의 공산당(PCI)에서 활동하다 당의 폐쇄성에 반발해 탈당한다. 1949년에 탈당 동지였던 클로드 르포르(Claude Lefort)와 함께 「사회주의냐 야만이냐」(Socialisme ou Barbarie)를 창립한다. 이들은 스탈린주의와 자본주의 양쪽에 서린 관료주의적 전체주의를 집요하게 비판했다. 카스토리아디스는 자크 라캉(Jacques Lacan)의 정신분석학을 비판적으로 읽으며, 급진 자율성과 급진(직접) 민주주의 이념을 발전시킨다. 당의 강령이나 교조의 명령이 아닌 자율적 개인의 판단과 직접 행동을 민주주의 중요한 대목으로 생각했다. 서구의 비(非)마르크스주의 계열 극좌파, 대안세계화주의자, 탈성장 운동가에게 중요한 영감을 준 인물이다. 국내에는 『사회의 상상적 제도(1)』, 양운덕 역(문예출판사, 1994)가 번역되었다.

7) [역주] 마우리치오 팔란테(Maurizio Pallante, 1947–)는 이탈리아의 작가이

자 탈성장 사상가이다. 에너지와 기술의 효율적 사용에 관한 정책을 연구했으며, '행복한 탈성장'(la decrescita felice)이라는 용어를 제작했다. 2005년부터 이탈리아를 중심으로 '행복한 탈성장 운동'을 펼치는 중이다. 에너지, 기술, 노동, 부와 가난, 성장과 혁신, 진보 신화 등 탈성장과 연계된 주제들을 포괄적으로 다뤘다. 세르주 라투슈는 그의 책『행복한 탈성장: 삶의 질은 국내 총생산에 달리지 않았다』(La decrescita felice. La qualità della vita non dipende dal Pil)의 프랑스어 번역판 서문을 작성했다.

8) [역주] 현대 과학기술의 문제를 비판적으로 연구한 자끄 엘륄에 따르면, 과학기술의 발전은 경제의 투자와 정치의 선택이 없이는 불가능하다. 또한 그 역도 마찬가지이다. 경제와 정치는 과학기술 발전이라는 내용이 없이 존속하기 어렵다. 이는 성부-성자-성령의 상호내재, 상호규정, 상호참여 구조인 삼위일체 구조를 답습한다. 한 마디로 "세속계의 삼위일체"이다. Cf. Jacques Ellul, Le bluff technologique, Paris, Librairie Arthème Fayard/Pluriel, 2010[1988], p. 321-348.『기술담론의 허세』(안성헌 옮김, 대장간 역간)

9) [역주] 니콜라스 게오르게스쿠―뢰겐(Nicolas Georgescu-Roegen, 1906–1994)은 루마니아 출신의 수학자, 생태경제학자이다. 성장의 한계선 설정과 엔트로피 이론을 폈다. 탈성장을 주장하는 생태경제학자들은 그를 탈성장의 선구자로 거론하기도 한다. 국내에는『엔트로피와 경제: 인간 활동에 대한 또 다른 시각』, 김학진/유종일 역(한울, 2017)이 번역되었다.

10) [역주] 에마뉘엘 레비나스(Emmanuel Lévinas, 1906–1995)는 리투아니아에서 태어난 20세기 유대계 프랑스 철학자이다. '타자' 철학자라는 별칭이 있을 정도로, 일평생 '타자' 문제와 제1철학으로서의 윤리 문제를 탐구했다. 레비나스의 타자 철학은 제도와 사회의 매개 이전의 근원 관계를 전제한다. 즉, 타자와 자아의 관계는 얼굴과 얼굴을 마주하는 직접 관계이며, 얼굴로 현현하는 타자와 조우한 자아는 마치 절대자의 부름을 받은 예언자처럼 "내가 여기 있나이다!"(Me voici!)라고 대답해야 한다. 레비나스의 철학에서 타자는 초월적 존재로 자아에게 현현(顯現)한다. 이 철학자는 20세기 비극의 정중앙에서 정체성에 매몰된 "존재론 제국주의"에 저항하며, 인격체이자 고아, 과부, 나그네와 같은 극도로 유

약한 상황에 처한 타인의 부름에 대한 자아의 응답, 즉 절대 책임의 윤리를 주창한다. 그에게 주체성, 즉 주체다움이란 타자의 호소에 절대 책임을 지는 윤리 행동을 전제한다. 그에게 시간, 즉 삶과 역사란 타자와의 만남 없이 출발하지 않는다. 레비나스의 이러한 타자 철학은 유럽뿐만 아니라, 이 책의 공동 저자인 엔리케 두셀(Enrique Dussel)에게도 큰 영향을 미친다. 두셀은 레비나스의 외재성(l' extériorité) 개념을 지정학 차원에서 새롭게 읽으며 라틴아메리카 해방철학을 다졌다.

11) [역주] 이탈리아 중부 페루자(Perugia) 근교의 소도시로, 이 책의 출판을 담당하는 '알트라파지나'가 위치한 곳이다.

12) [역주] 프랑스의 개신교신학자이자 환경운동가인 자끄 엘륄의 말로서, 급진파 생태운동가들이나 대안세계화주의자(altermondialiste)들의 행동 강령이다. 포괄적 차원에서 사유하되, 행동은 자신의 토양과 터전에서부터 시작하라는 뜻이다. 지역의 문화 다양성을 파괴하고, 생활양식을 일원화하는 세계화에 맞서고, 자원과 에너지를 일부 지역(특히, 북반구)에서 독식하는 파국의 자본주의에 맞서 토착 문화와 생활양식을 보존하고, 과학기술과 자본의 독점 구조를 저지하며, 환경 파괴의 사슬 분쇄 등을 각론으로 삼은 강령이다. 이는 행동의 적시성과 사유의 포괄성을 동시에 추진하자는 뜻으로 민족주의, 자국 중심 등의 보수적 한계를 넘어서는 인류 차원, 국제 차원의 연대를 추진한다. 이따금 본 강령의 내막과 배경을 무시한 채, 문자주의에 경도된 나머지 구호를 임의 사용하는 경우(예컨대, 소니의 기업 홍보용 문구 활용)나 '세계적'이라는 표현과 '지역적'이라는 표현을 대립 개념으로 이해한 나머지, 문구의 내막과 진의에 대한 이해 부재(예컨대, 강남순의 「서울신문」 2020년 4월 14일자 기사)를 드러내는 경우가 있다. 주의가 필요한 부분이다.

13) [역주] 머레이 북친(Murray Bookchin, 1921–2006)은 미국의 아나키스트, 사회생태주의자이다. 아나키즘과 마르크스주의를 접목한 이론을 폈으며, 매우 급진적인 형태의 사회생태주의를 주장했다. 1960년대를 기점으로 자연에 대한 인간의 지배는 인간 사회의 지배 구조에서 기인한다고 주장하며, 강력한 사회적 생태 이론을 펼쳤다. 그의 사회생태주의를 알 수 있는 책으로 『사회생태주의란 무엇인가?』, 박홍규 역(민음사, 1997)를 보라.

14) [역주] 라이문도 파니카르(Raimundo Panikkar, 1918–2010)는 카탈루냐–인도의 종교학자, 신학자, 철학자이다. 불교, 힌두교, 기독교에 정통한 학자이며, 우주 차원의 생명 역동성을 바탕으로 신–인간–생태환경의 새로운 삼위일체 해석을 내놓았다. 그의 사상은 종교간 대화, 문화 다원주의, 생명 조화, 반전 평화주의, 자율 공동체, 탈성장 운동 등에 영향을 미쳤다.

15) [역주] 과거, 특히 로마 시대에 도시를 떠나 휴양지에서 아무것도 하지 않고 한가하게 보내는 여가 시간을 뜻한다.

16) [역주] 생활양식의 일원화는 마치 제복(uniform)을 입히듯 무차별적으로 개별자와 지역의 다양성과 특수성, 독창성을 지우는 현상을 가리킨다.

17) [역주] 저자는 폐쇄적인 텃세나 혈통주의 등을 저지하려 한다. 사실 이 문제는 지역주의에 내재한 원초적 갈등이기도 하다. 지역에 뿌리내린 원주민과 새로 이주한 주민과의 알력이나 갈등의 문제로 비화될 수 있기 때문이다. 생활양식의 차이에서 오는 충돌과 갈등은 지역화를 전개하는 데 걸림돌로 작용한다. 따라서 저자가 제시하는 민주적 대화와 합의, 조정 기구의 운영이 무엇보다 중요하다.

18) [역주] 이 과정에서 대기와 해양에 뿜어댈 각종 공해를 생각해 보라. 이러한 사례는 스마트폰과 같은 전자기기도 예외가 아니다. 최초 아이디어를 배출하는 곳, 제조하는 곳, 판매하는 곳이 제각각이다. 더욱이 일정 시간을 두고, 기능상의 큰 차이도 없는 신제품이 출시된다. 구형 기종은 일부 재활용되거나 폐기물이 된다. 이런 식으로 상품의 확대와 재생산이 유지되며, 그 와중에 천연자원(콜탄 등) 착취, 대기 환경 파괴, 폐기물 문제 등을 가중시킨다. 오늘날 경제와 기술은 떼려야 뗄 수 없는 유착 관계이다.

19) [역주] 스웨덴의 냉동식품 기업이다.

20) [역주] 프랑스와 이탈리아를 잇는 장거리 터널이다. 1999년 3월 24일에 화물 트럭 연료 누출 사고로 70명 가까운 사상자가 발생했다.

21) [역주] 2019년 말에 시작해 2020년을 거쳐 현재(2021년)에도 유럽에 큰 타격을 준 전염병(covid–19)은 경제 재지역화 논의에 힘을 실어 준 역설적 사건이기도 하다. 프랑스의 경우, 대유행 발생 1년 전 내수용 마스크

제조 공장을 폐쇄했다. 의료진과 취약계층에 대한 초기 지급 실패와 방역의 초동 조치 실패는 안타깝게도 '마스크 재고량'의 부재와 '내수 생산지'의 부재가 큰 이유였다. 생산 단가와 수익성에 준한 공장 이전 및 시장 개방성으로 더 큰 비용을 치러야 하는 악재를 맞은 것은 아닌가? 프랑스의 사례는 분명한 소탐대실(小貪大失)이다.

22) [역주] 그렇다고 태양 전지판 설치가 완벽한 해법도 아니다. 이 방법에도 문제는 잔존한다. 무엇보다 전지판을 제작할 때 사용되는 원자재(광물)의 문제가 관건이다. 현재의 전기 에너지 방식을 태양 전지판으로 집단 대체한다면, 원자재 생산지의 대량 착취가 불가피하기 때문이다. 또 신소재 재생에너지를 통한 개발도 아직은 실험 단계에 있기 때문에, 자원 채굴을 피하기 어렵다. 성장과 발전을 기조로 유지하는 한, 이 문제는 당분간 순환할 공산이 크다. 태양 전지판을 비롯해 녹색 에너지의 숨은 문제를 가감 없이 논한 다음 자료들을 참고하라. Franck Aggeri, «La face cachée des énergies vertes : un autre regard», in *Alternatives économiques*, 2021년 1월 11일자 인터넷 기사(http://www.alternative-economiques.fr) ; Guillaume Pitron, La guerre des métaux rares : La face cachée de la transition énergétique et numérique, Paris, Les Liens Qui Libèrent, 2018.

23) [역주] 프랑스의 최하 행정구역이다.

24) [역주] 타임 뱅크는 비시장경제 영역에서의 봉사와 활동을 시간 가치로 환산해 기록, 저장, 교환하는 제도로서, 봉사자와 수혜자의 전통 역할 구분에서 벗어나 양자의 호혜를 기반으로 한 공생공락을 지향한다. 이러한 방식은 시장에 환원된 노동 가치와 지역 공동체성의 회복을 겨냥한다. 특히 국내의 타임 뱅크 운동의 철학, 활동, 사업에 관해, 사단법인 타임 뱅크 코리아의 인터넷 웹사이트(http://www.timebanks.or.kr)를 참고하라.

25) [역주] 코르넬리우스 카스토리아디스 사상의 영향을 받은 라투슈는 카스토리아디스가 자크 라캉(Jacques Lacan)에 대한 비판적 해설로 제시한 '상상계'의 개념을 차용한다. 그는 성장과 개발을 비판하고, 이론과 실천 차원에서 파괴 문제를 심화하는 과정에서 "상상계의 탈식민화"라는 개념을 사용했다. Cf. Serge Latouche, *Décoloniser l´imaginaire. La pensée créative contre l´économie de l´absurde,* Lyon, Parangon/Vs, 2005, p. 6–7.

26) [역주] 프랑수아 파르탕(François Partant, 1926–1987)은 본래 은행가였다. 1960년대에 '체제와 단절하는 개발'을 전문으로 연구한 그는 향후 프랑스의 대안 운동가들의 정신적 지주이자 탈성장의 선구자로 추앙 받는다.

27) [역주] 오해하지 말자. 라투슈는 개인중심주의를 설파하는 것이 아니다. 그는 위에서 아래로 내려오는 '하향식' 운동이 아닌, 자율 대중의 자발성에서 구성해 가는 '상향식' 운동을 이야기하려 한다. 탈성장이 단순히 경제 제도나 구조의 변혁(정책화)에서 끝나지 않고, 문화와 의식, 생활양식, 사고방식에 이르는 광범위한 변혁(문화화)을 주장하는 이유이기도 하다. 일사분란하게 작동하는 집단은 처리의 효율성은 좋을지 몰라도, 다양한 의견의 묵살을 야기한다는 점에서 민주주의를 약화시킬 수 있다. 민주주의의 핵심은 "내세울 힘 하나 없는 사람들도 각자의 관심사를 맘껏 떠들 수 있는" 다층 다양성에 있다. 다음 자료도 참고하라. 아킬레 로시, 『시장 신화』, 안성헌 역(대장간, 2021), 13–17쪽.

새 문명의 여명

1) [역주] 도넬라 H. 메도즈, 데니스 L. 메도즈, 요르겐 랜더스, 『성장의 한계』, 김병순 역(갈라파고스, 2012).

2) [역주] 두셀은 이 글을 2007년에 작성했다.

3) [역주] 다시 말해, 이 역사는 '진보'라는 이름으로 이뤄진 착취와 수탈의 역사와 궤를 같이 한다. 두셀의 이러한 사관은 식민주의 침략과 정복의 역사와 맞물린다.

4) [역주] 오늘날 지중해와 대서양이 만나는 북아프리카 지역이다. 모로코, 튀니지, 알제리를 통틀어 마그레브라 부른다.

5) [역주] 이 책은 엔리케 두셀의 공식 홈페이지에서 확인할 수 있다. http://www.enriquedussel.com

6) [역주] 한스 요나스(Hans Jonas, 1903–1993)는 독일의 철학자, 영지주의 역사가이다. 당초 고대 영지주의에 대한 연구에서 출발했고, 계속해서 환경 문제와 환경 윤리를 주요 연구 주제로 삼았다. 대표 저작으로 『책임의 원리』, 한정선 역(아카넷, 2001)가 있다.

7) [역주] 마르크스는 피에르 드 부아기유베르의 『부, 돈, 공물의 본질에 관

한 논고』(Dissertation sur la nature des richesses, de l'argent et des tribus, 1707)를 읽었다. 부아기유베르의 사상은 생명의 희생을 물신 숭배와 연결하는 마르크스 사상에 큰 영향을 미친다. 마르크스는 1859년에 작성한 『정치경제학 비판 서설』에서 부아기유베르의 글을 길게 인용한다. Cf. Marx–Engels–Werke(MEW), 13권, 103쪽을 참고하라.

8) [역주] 국문 역본 『성서』는 시편 115편에 해당한다.

9) [역주] 마르크스의 이러한 시각을 포착한 두셀은 마르크스의 전집에서 신학 은유와 성서 은유를 모조리 연구했다. 그 결과물로, 『마르크스의 신학 은유』(Las metáforas teológicas de Marx, 2017[1993])를 썼다.

10) [역주] 토마스 아퀴나스의 시각은 인간의 원죄가 존재하므로, 평화로운 공존을 위한 사유재산권은 존중되어야 한다는 시각으로 귀결된다.

11) [역주] 두셀의 스페인어 원문은 다음과 같다. Enrique Dussel, *Hacia un Marx descononcido*. Un comentario de los Manuscritos del 61–63, Madrid, Siglo veintiuno editores, 1998.

12) [역주] 두셀은 루이 알튀세르가 주장한 마르크스의 '인식론적 단절'(la rupture épistémologique) 개념에 동의하지 않는다. 마르크스의 전 저작을 꼼꼼하게 연구한 두셀은 마르크스의 만년 저작, 미간행 저작에도 전기 사상과의 연속성을 담은 본문들이 엄연히 존재하며, 알튀세르의 주장은 마르크스의 저작을 꼼꼼하게 읽지 않은 결과일 뿐이라고 일축한다. 따라서 '인간주의 마르크스'(전기)와 '과학적 마르크스'(후기/성숙기)라는 날카로운 구분은 자료상의 근거가 명확하지 않은 인식론의 임의 도식일 뿐이다. Cf. Enrique Dussel, *Las metáforas teológicas de Marx*, México, Siglo veintiuno, 2017[1993].

13) [역주] 당시 두셀은 아르헨티나 쿠요대학교에서 철학을 가르치며, 동료들과 라틴아메리카 상황에 맞는 급진 사상 활동과 학생 운동을 측면 지원하던 상황이었다. 두셀의 집에 사제 폭탄이 배달되었고, 두셀은 간발의 차로 죽음을 면했다. 이후 멕시코로 망명해 현재까지 체류 중이다. 그는 주저서인 『해방철학』(1977)을 망명지에서 작성했다. 당시 그는 아르헨티나에 있던 개인 자료들을 하나도 접할 수 없는 상황에서 순전히 기억에 의존해 2개월 만에 집필을 완료했다.

14) [역주] 잔니 바티모(Gianni Vattimo, 1936–)는 이탈리아의 철학자이다. 니

체, 하이데거 사상에 기초해, 미학과 해석학을 대상으로 삼았으며, 현대 세계의 절대 진리의 폭력성을 허무는 다원 세계를 주장했다. 그는 절대 진리에 내포된 폭력성과 독재의 속성을 '강한 사고'로 규정하고, 그것을 허무는 다원성과 상대주의 전략을 '약한 사고'라고 말한다. 특히, 평생 활동한 좌파 진영의 화석화된 교조주의를 비판하며, 진리에 대한 끝없는 회의와 성찰을 반복하는 '해석학 공산주의'를 역설하기도 했다. 『근대성의 종말』, 박상진 역(경성대학교출판부, 2003)과 『미디어 사회와 투명성』, 김승현 역(한울, 1997)이 번역되어 있다.

15) [역주] 칸트의 "영원한 평화"(la pace perpetua)를 응용한 두셀의 신조어이다.

16) [역주] 프란츠 힌켈라메르트(Franz J. Hinkelammert, 1931–)는 독일 출신의 경제학자, 해방 신학자이다. 젊은 시절 베를린 학생 운동의 정신적 지주였던 헬무트 골비처(Helmut Gollwitzer)의 영향을 받아 마르크스와 베버 관련 사상을 접했다. 베를린자유대학교 경제학과에서 마르크스주의 경제학을 연구했고, 1960년대부터 줄곧 라틴아메리카에서 활동했다. 칠레 가톨릭대학교에서 가르치다가 군부의 탄압을 피해 코스타리카로 이주했다. 이곳에서 동료 해방 신학자인 우고 아스만, 파블로 리차드와 함께 에큐메니컬연구소(DEI)를 설립했다. 경제와 신학의 문제를 독창적으로 연구해 해방신학의 새 지평을 여는 데 중요한 역할을 했다. 『물신: 죽음의 이데올로기적 무기』, 김항섭 역(다산글방, 1999)과 독일의 해방 신학자 울리히 두크로(Ulrich Duchrow)와 공저한 『탐욕이냐 상생이냐』, 한성수 역(생태문명연구소, 2018)을 참고하라.

17) [역주] 두셀은 근대성과 식민지 침략의 출발점이 같다고 말한다. 즉, 콜럼버스의 아메리카 발견이 근대성의 원년이며, 철학자 르네 데카르트의 "나는 생각한다"(ego cogito)의 '나'와 정복자 에르난 코르테스의 "나는 정복한다"(ego conquiro)의 '나'는 동격이다. 근대의 합리성은 곧 식민화된 타자를 합리화한 합리성이었다. 라틴아메리카 식민지 500년의 역사를 완전히 단절한다는 의미에서 두셀은 "포스트" 식민주의가 아닌 "해체" 식민주의(decolonialismo)를 주장하고, 유럽의 근대성 이후의 새로운 장을 구상하는 "포스트" 모더니즘이 아닌, 근대성과 전혀 다른 토대와 정신, 사상, 가치에서 라틴아메리카의 자주적 사상을 건설하려는

"트랜스" 모더니즘을 주장한다. 이 때 접두사 "트랜스"(trans)는 단절과 전환을 의미하며, 그것은 부분적이지 않고 총체적인 사건이다. 따라서 통째로 전환한다는 의미를 담아 "통"근대라는 말로 옮긴다. 이 용어는 "탈"근대라는 종래의 식민주의 용어보다 훨씬 근본적인 단절을 주장한 다. 엔리케 두셀은 이미 1970년대부터 이 개념을 사용하기 시작했다. 그 의 다음 저작을 참고하라. Enrique Dussel, *Filosofía de la liberación,* México, Fondo de Cultura Económica, 2011[1977], p. 18–19.

18) [역주] 문장의 오해를 줄이기 위해 보충 설명이 필요하다. 두셀은 생필 품의 넉넉한 소유를 이야기하지, 불필요한 사치품의 소유를 말하지 않 는다. 사치품의 범람이 현실인 자본주의 사회에서 새 문명의 탄생을 꿈 꾸는 일이란 수도원에 준할 정도의 소비 절제, 과성장을 억제하는 탈성 장을 지향한다는 말이다.

19) [역주] 폴 리쾨르(Paul Ricœur, 1913–2005)는 프랑스의 철학자이다. 유신 론 실존주의자 가브리엘 마르셀(Gabriel Marcel)에게서 철학과 신학을 배 웠고, 후설 현상학과 하이데거와 가다머의 해석학과 대화하며 해석학 자로서 명성이 높았다. 인간 존재의 유한성과 그 유한성 너머의 초월적 존재에 대한 석명 작업에 몰두하던 초기 해석학 시절 이전에는 '사회기 독교 운동'(le christianisme social)에서 활동한 개신교 극좌 운동가였다. 대 학에서 교편을 잡은 이후로 해석학, 구조주의, 정신분석학, 상징 이론, 은유 이론, 시간과 이야기, 텍스트 이론, 주체성, 윤리학, 정치학 등 광범 위한 분야를 탐구했다. 자크 데리다, 위르겐 하버마스와 더불어 20세기 후반 3대 철학자로 불렸으며, 철학, 사회학을 비롯해 기독교 신학 분야 에도 큰 영향을 미쳤다.

20) [역주] 이븐 루시드 혹은 아베로에스(1126–1198)는 아랍 제국 통치기 스 페인 코르도바 출신의 중세 철학의 대가로서 아리스토텔레스 전작의 주 해 작업을 진행했다. 아리스토텔레스 사상의 복원과 스콜라사상의 문 을 여는 데 중요한 역할을 한 인물이다.

21) [역주] 이븐 시나 혹은 아비체나(980–1037)는 페르시아의 철학자, 의학 자, 물리학자이다. 이슬람 세계에 고대 그리스의 아리스토텔레스 사상 과 학문을 해석해 알린 인물이다. 이븐 루시드(아베로에스)와 더불어 중 세 스콜라사상 형성에 큰 영향을 미쳤다.

옮긴이 글

들어가며

이 주제에 평소 관심 있는 독자들은 본문에 등장한 세 저자의 글을 읽고 이해하는 데 큰 어려움이 없었을 것이다. 본래 대중 강연을 위한 원고를 책으로 엮었으므로, 모두 대중의 눈높이를 벗어나지 않는 글이다. 그러나 세 저자 모두 해당 문제에 대해 오랜 기간 동안 전문적인 연구를 지속해 온 학자들인 만큼, 내용을 꼼꼼하게 읽으면 그 속에 많은 내용들과 사상의 흐름들을 함축하고 있다는 점을 발견하게 될 것이다. 탈성장의 문제를 현재와 미래의 생존 문제로 진지하게 고민하는 독자들에게는 탄탄한 이론 구축과 실천 방향 설정에 도움이 되는 글이라 조심스레 예상해 본다.

나는 옮긴이 후기에서 본문에 나타난 내용을 해설하기보다 탈성장과 관련된 몇 가지 이야기를 덧붙이려 한다. 탈성장은 1970년 로마클럽의 『성장의 한계』 이후 꾸준하게 제기된 문제이며, 동구권 붕괴 이후 가속화된 미국 중심의 세계화와 그로 인한 세계의 상품화, 최근에 크게 부각되는 환경 파괴와 기후 위기 등과 맞물려 점점 시민들 속에 투입되는 중이다. 통계 조사의 오차 범위보다 낮은 수치의 성장률을 보이는 북반구의 국가들이른바 '선진국' 은 아직도 성장에 목매면서 남반구의 천연자원을 착취하고, 이를 위한 각종 연구비와 기금을 독식한다. 이러한 극도의 불평등 구조에서 주구장창 성장만 외쳤던 사회의 민낯이 속속 드러나는 중이다.

종교가 된 경제, 시장, 성장, 발전/개발

더욱이, 신학도인 나는 성장이나 시장 주도 현상이 단지 경제 구조가 아니라, 일종의 문화와 종교가 되었다는 평가에 주목한다. 라틴아메리카 해방 신학자 우고 아스만의 말처럼, 성장과 개발에 목맨 자본주의는 인류의 "문화"가 되었다.[1]

성장과 개발을 위해 부수고 파괴해야 한다. '더 나은 내일'을 위해 '오늘의 희생자'를 만들어야 한다. 시장은 불필요하다 여기는 자들을 제거하는 역할을 자처하며, 그 역할에 걸림돌은 없다.[2] 이러한 문화가 현 인류의 의식이 되었다.

따라서 성장/탈성장 문제에 대한 관심은 단순히 경제 체제를 어떻게 구성할 것인가의 문제에만 해당하지 않는다. 이 문제는 경제학자들이나 정치가들만의 문제가 아니다. 생산과 소비의 당사자이며, 그와 동시에 자연 파괴와 기후 위기의 고통을 고스란히 감내해야 하는 인간 실존의 문제이다. 우리의 문화를 바꾸고, 생활양식과 살아가는 태도와 관점의 대대적인 변혁이 수반되어야 하는 작업이라는 뜻이다. 따라서 이 문제는 무엇보다 인간더 깊게 들어가면, '생명'에 관계된 모든 것의 가치를 제시하는 인간론의 문제, 철학의 문제, 신학의 문제이다.

탈성장에 관한 한 가지 오해

지난 2021년 2월 「르몽드 디플로마티크」이하 「디플로마티크」 2면에 탈성장과 관련된 기사 하나가 실렸다. "탈성장의 신기루"Mirages de la décroissance라는 제목의 이 기사에서 저자 리 필립스Leigh Phillips는 최근 유럽을 중심으로 확산되는 탈성장 기류3에 대한 강한 회의주의를 표했다. 간단히 요약하면, 저자는 "소박한 삶으로의 회귀"를 주장하는 탈성장 운동가들의 구호가 행복의 비법에 매료된 최상위 부르주아들을 매료시켰다고 진단하며, 탈성장은 결국 우리 사회와 문명을 잿빛으로 만들어 버릴 것이라고 단언한다. 저자는 인간에게 필요한 것은 먹고 살아가는 기본 생존권과 더불어 음악을 듣고 영화를 보고 맛있는 음식과 담소를 즐기는 삶, 만개한 장미와 같은 아름다움이라는 점을 강조하면서 탈성장이 그리는 우울한 미래, 금욕주의, 부싯돌 시대로의 회귀와 같은 복고주의에 대해 강한 비판을 가한다. 또한 저자는 탈성장 문제에 정면 대결하면서, 항상 난관을 극복해 온 인간의 혁신 능력la capacité humain d'innover을 신뢰한다. 즉, 기술의 진보와 정치의 선택이 가능하다면, 현재의 난관도 인류는 슬기롭게 극복할 수 있다는 낙관론을 편다.

오해에 대한 여러 반론

기사가 나간 후, 「디플로마티크」를 구독하는 독자들의 항의가 빗발쳤던 모양이다. 바로 다음 달3월호 2면에 편집자는 "독자들의 반응"을 실었다. 리 필립스의 기사에 대한 독자들의 반응은 매우 적극적이었다. 말이 좋아 적극적이지, 사실 공격적이고 분에 사로잡힌 글이 대부분이었다. 편집자가 쟁점 부각을 목표로 일부러 그런 성향의 글만 발췌해 기사화했는지도 모르겠지만, 여하튼 독자들은 리 필립스의 기사에 날선 반응으로 응대했다. 몇몇 반응들을 간추려 보면, "리 필립스는 탈성장 운동의 주요 이론가들4에 대한 사전 지식이 전혀 없다."Marie-Louise Larnaudie "저자는 서구 자유주의에 경도되어 여전히 성장에 대한 신기루에서 헤어 나오지 못한다."Marie Cucurella "리 필립스의 글은 과도한 인간중심주의 시각에 기울었다."Camille Diethelm "저자의 말과 달리, 탈성장 운동가들은 탈성장을 기후 변화의 직접 해법으로 제시하지 않았다. 오히려 탈성장은 해양의 산성화, 대기와 수질 오염, 생물종 대멸종을 비롯해 세계 차원으로 뻗어가는 각종 문제들을 포괄적으로 이야기한다. 이러한 탈성장 담론은 인간의 평등한 복지와 사회 정의에 초점을 맞춘다.… 나아가 탈성장 운동가들은 성장에 목매는 물신 숭배에 대한 포기를 권한다."Louise Guibrunet

나는 여기에 한 가지 비판을 덧대고 싶다. 리 필립스가 보인 낙관론이다. 그는 인간의 혁신 능력이 현재의 위기와 난관을 극복하고 돌파하는 데 큰 힘이 될 것이라고 자신한다. 인간에게는 '기술'이 있기 때문이다. 기술은 사랑, 우정, 신뢰와 같은 추상 명사가 아니므로, 우리가 진보하기를 원한다면 머지않아 그 진보의 이상을 물리적 가시성으로 눈앞에 제시할 것이다. 우리가 감각할 수 있는 '실물'을 제시하는 데 기술의 힘이 있다. 그래서 더 믿음이 가고 더 의존하게 된다. 그러나 나는 이런 종류의 기술 낙관론이야말로 "테크노 테러리즘"의 한 형태라고 생각한다. 꼭 물리적 폭력을 사용해야 테러리즘이 아니다. 다른 방식의 사유와 삶의 양태를 '비효율적'이라는 이유로 거부하고 폄하하고, 오로지 '효율성과 편리함', 겉으로 드러난 발전과 진보를 우선시하고, 거기에 자금을 투자하고, 정책으로 결정하고, 광고와 언론으로 대중의 의식에 선전물을 던지고, 교육 현장에서 이를 되풀이하는 현상 역시 테러리즘이다.

기술적 사고의 대표적인 특징인 '효율성' 사고는 물건의 효율성만 따지지 않고, 사람의 효율성도 따진다. 물건만 골동품 취급하지 않고 사람도 골동품 취급한다. 모두가 "기술 담론"이라는 자장 안에서 그 문법과 용어로 대화하기 때문이다. 이러한 테러리즘 공격에 노출된 인간은 설령 비효율적이라 하더라도 포괄적인 범위에서 사유할 수 있는 능력을 급격히 상실하는 중이다. '생태 이성'이라는 용어가 가능하다면, 오늘날 현대인의 과잉 소비나 생활양식, 상품과 인간의 '계획적 진부화'5, 후진국에 중고품 지원 명목으로 대규모 방치되는 선진국의 쓰레기, 독자적인 문화와 생활양식을 파괴하고 절단 낸 세계화는 '비이성'과 '착란'이다. 그럼에도 현대인의 소비 습관과 욕망의 수준은 변동이 없다. 자끄 엘륄의 말을 빌자면 이 현상은 우리의 의식에서 마치 벨벳처럼 부드럽게 일어나는 "연성軟性 테러리즘"6이다.

단, 오해하지 말자. 기술 자체를 악마 취급하자는 말이 아니다. 기술의 절대성을 확고하게 믿고 유일한 구원이라고 단언하는 저자를 위시한 기술 낙관론자들의 '믿음과 의식'에 대한 비판이다. 왜, 저런 믿음에 도달했을까? 한 쪽에서는 대유행병에 병상이 없어서 죽어가고, 다른 한 쪽에서는 우주에 천문학적인 비용을 들여 로켓을 쏘고, 한 쪽에서는 희귀 신상품 구매에 줄을 서고, 다른 한 쪽에서는 이 제품을 만들기 위한 원자재 광산 개발로 수맥이 뒤틀려 원주민들의 식수가 사라진다. 콩고민주공화국의 원주민들은 광산에 몰려드는 다국적 기업들로부터 생활 터전과 고유문화를 지키기 위해 피비린내 나는 전투를 치른다.7

자동차가 나오기 전에 자동차 사고는 없었다. 자동차 사고는 자동차와 함께 '발명' 되었다. 새로운 기술은 새로운 문제를 야기한다. 기술의 양면성은 분명한 현상이다. 그럼에도 불구하고, 왜 기술이 문제의 해답이라는 낙관론은 굳건할까? 이런 배타적인 믿음의 출처는 어디일까? 신학도인 나는 이 부분에 자연스럽게 질문이 생긴다.

성장: 축제는 끝났다.

사실, 탈성장을 외치는 사람들의 목소리가 모두 동일한 것은 아니다. 강조점도 다르고, 탈성장 내부의 정파도 극좌,

좌, 중도, 우로 나뉘고 이견을 보이는 사안들도 많다. 자원 착취와 환경오염에 폭주하는 기업들에 대한 국가 차원의 강력한 규제에 초점을 맞추는 쪽도 있고, 다국적 기업에게 농락당하는 수준밖에 안 되는 국가나 현실 정치인에 대한 희망을 접고 시민의 직접 민주주의와 소규모 생활 공동체 단위 조합들의 연대 운동으로 가야한다는 쪽도 있다. 또 각국의 경제 상황에 따른 견해차도 다양하며 현실 자본주의와의 양립 가능성에도 견해차가 있다.

일례로, 본서의 저자 중 하나인 세르주 라투슈는 독일의 탈성장 사상가인 볼프강 작스와 그가 대표로 있는 부퍼탈연구소의 전략인 '윈윈 전략' 즉, 자연과 자본주의를 동시에 살리는 전략에 대해 비판한다.

작스와 부퍼탈연구소의 전략은 생활수준을 낮추지 않으면서도 에너지 소비의 25%를 절감할 수 있는 '에너지 경제'를 핵심으로 한다. 이에 세금, 규제, 장려금, 보조금 등으로 인간의 미덕에 호소하는 행동을 고취시킬 수 있고, 극도의 낭비도 방지할 수 있다. 독일의 경우, 다양한 건물들의 개선 체계를 실험했고 상당수 긍정적인 결과로 이어졌다. 복사기나 자동차 등의 대형 재화는 임대 계약 형식으로 소유를 대체할 수 있다. 이런 방식으로 영구 재활용을 용이하게 하고, 고삐 풀린 신제품 생산의 경기장을 벗어날 수 있다는 내용이 부퍼탈연구소 전략의 골자이다.8

그러나 라투슈는 이러한 전략에서 현대인의 물질 소비 증가를 이탈할 수 있는 증거를 발견하기 힘들다고 일갈한다. 그는 친환경 자본주의는 이론상으로는 가능할지 몰라도, 실천 영역에서는 실현 불가능하다고 주장한다. 라투슈는 다음과 같이 목소리를 높이다.

> "국가 권력을 상회하는 다국적 기업들의 지배를 받는 자본주의가 자율성에 입각해 '생태 자본주의'라는 미덕의 길을 선택할리 만무하다. 오히려 이익 극대화에 혈안이 된 나머지 통제권을 수시로 위반할 것이다. 이러한 자본주의에 대한 강력한 규제가 없다면, 결코, 자원 수탈과 같은 강도질을 포기할 리 없다."9

오늘날 성장에 목매는 사회는 세 가지 형태로 '무제한' 작동 중이다. 첫째, 재활용 가용/불가용 자원을 가리지 않고 무한 생산을 추구하는 '생산의 무제한'이다. 둘째, 경쟁적으로 이뤄지는 소유욕과 인위적 제품들에 대한 욕망을 부추기는 '소비의 무제한'이다. 셋째, 생산과 소비의 무제한이 빚은 '쓰레기의 무제한'이다. 대기 오염, 수질 오염의 심각함은 이제 누구나 아는 상식이 되었다. 그리고 이러한 오염은 깨끗한 물을 돈 내고 사먹어야 하는 물의 상품화로 이어졌다. 청정수로 판명난 물은 대량 생산되어 대량 소비되고, 유통 과정에서 대기와 해양에 공해를 배출한다. 그리고 남은 페트병은 또 다른 쓰레기가 되어 지구 어딘가를 떠돈다. 이 정도면, 악순환을 넘어서 "구조적 죄"이다. 누구의 소유물이 아닌 공평하게 주어진 자연을 멋대로 착취한 결과가 '자연의 상품화'라는 현상으로 더욱 악화되었다. 넘치는 쓰레기와 공해가 생산과 소비의 당사자인 우리를 위협하는 시대가 되었다. 그리고 이 위협을 막고자 우리는 또 다른 비용을 치러야 한다. 본문의 저자 엔리케 두셀의 표현처럼, "항상 생산/소비하라. 쉬지 말고 생산/소비하라. 범사에 생산/소비하라"는 강령에 충실한 성장 자본주의는 꼭 이렇게 또 다른 비용을 치르게 한다.

이에 몇 가지 질문이 생긴다. 우리와 후세대의 미래가 쓰레기와 함께 하는 미래라면, 과연 그 빛깔이 장밋빛일까? 이러한 성장을 고집할 이유가 있을까? 성장이 필요하다면, 우리는 무엇을 성장시켜야 할까? 왜 물품과 자본의 성장에 열을 올리면서, 그 성장의 이면에서 빛바랜 다양한 인간의 특성과 가치들에 대한 성장은 추구하지 않을까?

탈성장: 세상을 다시 살맛 나는 곳으로 만들기 위한 길

탈성장에는 몇 가지 중요한 규칙들이 있다. 첫째, 자아와 타자의 밀접한 관계이다. 본서에 리카르도 페트렐라가 제시한 "네가 존재하므로 내가 존재한다"가 대표 사례일 것이다. 둘째, 시장의 규칙이 "만인에 대한 만인의 투쟁"이라는 경쟁과 전쟁의 논리에 기초하는 반면, 탈성장은 "공생과 공락"더불어 살고 더불어 기뻐하는이라는 협동과 상호 부조의 논리에 기초한다. 셋째, 경쟁과 전쟁에서 승리하기 위해 더 많은 권력을 요구하는 시장 체제와 달리 탈성장은 무상으로 증여하고 가진 권력을 오히려 제한하고, 할 수 있는 역량을 사용하지 않는 "절제"와 "검소함"의 덕을 강조한다. 넷째, 절대 규칙에 따라 일사분란하게 생산, 유통, 소비가 이뤄지는 단일 체계를 구축하는 시장의 원리와 달리, 탈성장은 각자의 문화와 사고방식이 숨쉬며 다양한 색깔을 내뿜는 다원 세계를 추구한다.

엔리케 두셀이 근대성과 서구 중심주의가 맹위를 휘두르는 단일 세계를 통째로 전환하는 '통근대' 기획을 제시한 것처럼, "각자의 역사"10가 살아나야 한다. 이것은 비단 대륙과 대륙, 나라와 나라 사이의 문제가 아니다. 한 국가 안에서도 절대자의 지위에 오른 대도시와 나머지 지역의 관계에 대해서도 곱씹어야 할 문제이다. 물질의 차등은 의식의 차등, 나아가 존재의 차등까지 낳으니 말이다. 인구, 금융, 거기에 학벌 서열까지 온통 서울수도권에 집중된 한국 사회 역시 더하면 더했지, 결코 예외가 아닐 것이다.

따라서 탈성장은 일사분란하게 돌아가는 거대 기계와 같은 대도시가 아닌 소규모 공동체의 자율성과 공생을 대안으로 이야기한다. 생산과 소비의 자립성이 보장되는 소규모 공동체, '낭비형' 재화 생산보다 '관계형' 재화 생산과 성장이 보장되는 형태로의 경제 재구성, 주민 자치권에 따라 지역의 현안 결정과 처리를 강화하는 직접 민주주의의 확대, 단위당 노동 시간 축소를 통한 일자리 공유 등을 제시한다. 다소 더디고 불편함이 있어도, 파괴와 오염을 최소화하고 공동체에서 굶어 변두리로 내몰리는 사람이 없도록 일자리와 재화를 분배하고, 특정 가치에 따라 사람 차별하지 않고, 나아가 미래 세대까지 염두에 둔 세계를 다지는 작업이 그 어느 때보다 절실하다. 악덕 기업들에 대한 규제와 법 규정 등을 통한 국가 차원의 역할 역시 매우 중요하다. 이것이 어떤 결과로 이어질지, 또 과연 실현이 될지는 솔직히 장담할 수 없다. 나 역시 그 점에서 탈성장이 "도박"이라는 라투슈의 견해에 동의한다. '잘 될 거야. 그래도 인간의 능력을 믿어'와 같은 식의 장밋빛 위로와 격려보다 냉정하게 현 주소를 인식하고, 긴장감을 갖는 편이 더 현실을 직시하는 태도라고 생각하기 때문이다.

달팽이: 탈성장의 상징

　달팽이는 탈성장의 상징이다. 언젠가 이반 일리치는 달팽이의 비유를 들어, 성장 사회를 비판한 적이 있었다. 일리치의 설명에 의하면, 달팽이는 넓은 나선에 껍질을 차곡차곡 쌓는다. 섬세하게 껍질을 만들던 달팽이는 작업을 멈추고, 몇 가지 추가 작업을 통해 돌연 껍질을 축소하기 시작한다. 왜 갑자기 축소하는가? 일리치는 달팽이가 '위협'을 감지하기 때문이라고 답한다. 나선 하나가 껍질의 크기를 16배까지 크게 만들 수 있지만, 이렇게 비대해진 껍질 때문에 달팽이는 안전에 위협을 받는다. 거대한 성장이 오히려 생존 자체를 위협할 수 있다. 자기 목적에 맞게 한계선을 정하지만, 이를 초과하면 중량 과다로 압사할 수 있다. 과잉 성장은 일정 한계선을 넘으면 기하급수적으로 증가하는 반면, 달팽이의 생물학적 능력은 산술급수적으로 증가하기 때문에, 달팽이는 이러한 성장을 결코 제어할 수 없다. 따라서 달팽이는 일정 순간이 되면 껍질을 축소해 자신의 생존권을 스스로 조정하는 지혜를 발휘한다. 이러한 단절과 분리가 우리에게 "탈성장"에 대한 새로운 사유의 길을 연다.[11]

탈성장은 과열된 성장 만능주의와 불필요한 재화 생산이라는 껍데기를 줄이는 작업이다. 이는 성장을 위한 성장에 투입되는 예산을 의식주와 같은 인간의 기본 생존권을 보장하는 핵심 재화에 사용하고, 기본권의 보편적 확장에 기여하는 쪽으로 구현될 필요가 있다. 부의 무한 증식과 불필요한 재화 생산/소비의 구조를 제어할 수 있는 일종의 통제 장치가 필요하다. 이를 위한 시민들의 민주주의 의식이 '절대적'으로 필요하다. 성장 종교의 미망에서 깨어나고 각종 선전프로파간다의 진위를 간파하는 능력이 어느 때보다 중요하다고 생각한다. 달팽이처럼 느리게 가더라도 합의가 필요하며, 비효율적인 방법이더라도 인권과 환경을 보호하는 길이면 인내하는 방식으로 살 필요가 있다. 선택지가 그리 많지 않을 정도로 우리 행성의 상태는 너무 심각하기 때문이다.

글을 마치며

본서는 이탈리아의 사상지 「알트라파지나」에서 지난 2008년 출간한 『탈성장의 도전: 경제 체제 연구』*La sfida della decrescita. Il sistema economico sotto inchiesta*의 번역서이다. 문맥에 따라 문장을 재구성하기도 하였으며, 가독성을 위해 쉽게 고쳐 쓰기도 했다. 또한 2008년 저작이라 통계상의 변동이 있는 관계로, 몇몇 자료들은 최근 자료를 참고해 수정했다. 다만, 저자들이 여러 사상을 함축적으로 녹여서 사용하는 부분과 수많은 사상가들을 거론하는 부분을 일일이 부연 설명하지 못한 점은 아쉽다.

명민한 독자들은 세 저자의 사상이 묘하게 일치하지 않는 다는 점도 간파했을 것이다. 대표적으로, 기술과 자본의 관계에 있어 라투슈와 두셀의 견해는 강조점이 사뭇 다르다. 또한 두셀은 유럽 중심주의를 철저하게 비판하는 관점을 견지하기 때문에 앞의 두 저자들과 차별화된 모습을 보이기도 한다. 그럼에도, 세 저자는 현대 시장 자본주의와 세계화가 불러 오는 파괴와 배제의 문제를 날카롭게 비판하고, 삶의 획일성을 낳는 이 방식을 이탈해 다원성과 상대성이 충만한 미래 세계를 그린다는 점에서 목소리를 같이 한다. 말하자면, 각론 상의 차이일 뿐 총론은 동일하다.

마지막으로, 몇몇 분들에게 감사의 말을 전한다. 번역을 흔쾌히 허락한 알트라파지나의 아킬레 로시 선생에게 감사한다. 항상 자본 논리보다 사상 보급의 중요성을 빠뜨리지 않는 선생의 강조가 인상 깊다. 대유행병에 몸조심하기를 기원한다.

도서출판 대장간의 배용하 대표에게도 감사한다. 탈성장을 머리로 이해하기보다 삶에서 어떻게 구현하는지를 이미 간파한 배 대표 덕에 이 책이 소개될 수 있었다. 아울러 교열과 교정을 맡은 편집부박민서 님에게도 감사의 말을 전한다.

번역본을 함께 읽고, 여러 의견을 건네 준 독고정현, 성태준, 안병채, 이수련 네 분에게도 진심으로 감사의 말을 전한다. 덕분에 원고의 완성도를 높일 수 있었다.

그리고 번역과 관련한 모든 오류는 역자의 몫이다. 독자들의 질정을 기다린다.

2021년 5월 23일
프랑스 스트라스부르에서

옮긴이글 주

1) Hugo Assmann, Franz J. Hinkelammert, *A idolatria do mercado. Ensaio sobre Economia e Teologia*, São Paulo, Vozes, 1989, p. 323. Cf. 아킬레 로시, 『시장 신화』, 안성헌 역(대장간 2021), 82−83쪽 참고.

2) 아킬레 로시, 『시장 신화』, 82쪽.

3) 참고로, 프랑스의 현 대통령 에마뉘엘 마크롱은 "탈성장은 기후 위기의 대답이 아니다."(La décroissance n'est pas une réponse au défi climatique)라는 담화문을 발표(2020년 6월 29일)한 적이 있다. 대통령이 직접 담화문에 거론할 정도로, 탈성장은 생활 가까이에 있는 용어이다. 대유행은 분명 아니지만, 유럽의 주요 지역에서 "탈성장"이 정치권, 학계, 생활 곳곳에서 회자되는 중이다. 그만큼 지금과 같은 형태의 성장 사회의 지속 불가능성을 피부로 느끼는 중이며, 다른 생활 방식, 다른 형태의 경제 구조, 제도를 생성하지 않고서는 "생활의 지탱가능성"(la soutenabilité de la vie)을 담보하기 어렵다는 기류가 있다.

4) 인용된 탈성장 이론가는 니콜라스−게오르게스쿠 뢰겐, 자끄 엘륄, 베르나르 샤르보노, 세르주 라투슈, 뱅상 셰네 등이다. 여기에 노자, 레프 톨스토이, 칼 폴라니, 표트르 크로폿킨, 시몬 베유, 이반 일리치, 발터 벤야민, 앙드레 고르스, 귄터 안더스, 장 보드리야르, 코르넬리우스 카스토리아디스, 세르주 모스코비치, 루이스 멈퍼드, 머레이 북친, 라이문도 파니카르, 란차 델 바스토 등 탈성장의 선구자 역할을 하거나 직접 탈성장 운동에 가담했던 이들이 있다. 리 필립스는 탈성장 운동의 기저에서 작동하는 사상 학습이 전혀 되지 않은 상태에서 탈성장에 대한 인상 비평만 가한 셈이다.

5) 일정한 기간이 지나면 자동으로 고장이 나거나 수명이 단축되도록 설계하는 방식이다. 고장난 물건을 수리하려고 하면, 이미 해당 부품이 없어져 수리비가 더 높아 신제품을 사는 편이 낫다는 식으로 물건의 '확대−재생산'이 이뤄진다. 그리고 현대 자본주의는 인간도 이렇게 '진부화(골동품화)'를 상식처럼 만들었다.

6) Jacques Ellul, *Le bluff technologique*, Paris, Fayard/Pluriel, 2010[1988], p. 685–712. 자끄 엘륄, 『기술담론의 허세』, 안성헌 역(대장간 2021)

7) Serge Latouche, 〈〈Une decrescita conviviale〉〉, in Serge Latouche, Roberto Mancini, Marcelo Barros, Gianni Mattioli, *L'idolatria del mercato. Dalla globalizzazione economica alla riscoperta degli esclusi*, Città di Castello, L'Altrapagina, 2016, p. 18. 라투슈는 콜탄 광산의 원주민들을 예로 든다. 우리가 사용하는 휴대전화와 같은 전자기기의 핵심 광물인 콜탄 확보를 위해 벌어지는 살육전이다. 라투슈는 "우리가 사용하는 휴대전화에 콩고 주민들의 피가 새겨져 있음을 잊지 말아야 한다."라고 말한다. 덧붙여, 대대수 언론은 왜 이러한 내용을 보도하지 않는가?

8) Serge Latouche, 〈〈La società autonoma e conviviale e la decrescita〉〉, in L'Altrapagina(eds.), *Politica senza il potere in una società conviviale. Una rivisitazione del pensiero di Ivan Illich*, Città di Castello, L'Altrapagina, 2007, p. 50–51.

9) 위의 책, 51쪽.

10) 셈족 사상(특히, 에마뉘엘 레비나스를 비롯한 유대 사상)에 영향을 받은 두셀에게 "각자의 역사"는 서구 중심주의와 해체 식민주의 논의에서 중요한 자리를 차지한다. 철학자인 두셀은 서구 사상의 핵심인 그리스식 사상만이 제1사상으로 취급되고, 서구 역사와 문화, 서구 언어와 종교, 서구 정치와 경제 등 각종 분야의 서구 우위론과 중심주의가 마치 "전체"인 것처럼 표상되는 방식에 강하게 반발한다. 라틴아메리카는 라틴아메리카의 사상, 역사, 문화, 전통이 있고, 아시아는 아시아만의 것이 있으며, 아프리카 역시 마찬가지이다. 더 깊게 들어가면, 지역마다, 고장마다 다양한 삶의 양태가 있다. 물론, 두셀의 통근대주의는 일상 분야까지 세세하게 다루지 않고, 역사와 지정학의 차원에서의 자주성 확보에 집중한다.

11) 세르주 라투슈, 『탈성장 사회』, 양상모 역(오래된생각, 2014), 4장 참고. 또한 알트라파지나에서 열린 이반 일리치 관련 학술대회 발표문도 참고하라. Serge Latouche, 〈〈La società autonoma e conviviale e la decrescita〉〉, in L'Altrapagina(eds.), *Politica senza il potere in una società conviviale. Una rivisitazione del pensiero di Ivan Illich*, op. cit., p. 48.